今すぐ行動しビジネスの勝率を劇的に上げる

クレイジーな戦略論

［新装版］

Den Fujitaの商法④

日本マクドナルド創業者

藤田 田（デンと発音して下さい）

KKベストセラーズ

クレイジーな戦略論

今すぐ行動しビジネスの勝率を劇的に上げる

［新装版］Den Fujitaの商法④

日本マクドナルド創業者
藤田 田（デンと発音して下さい）

KKベストセラーズ

装幀　トサカデザイン
カバー・挿画　桃吐マキル

今すぐ行動しビジネスの勝率を劇的に上げる

クレイジーな戦略論

［新装版］Den Fujitaの商法④

目次

第3章 天下を取った成功者が潰れる理由

第6章 金儲けの大変化を読めない頭に未来はない

第9章 常識をトコトン砕いた"金儲けの頭" 133

第10章 なぜ日本人は商売オンチなのか

第11章 最後のチャンスの足音が聞こえるか

第12章 いま、経済の地殻変動がはじまった

「藤田 田6冊同時復刊プロジェクト」は、著者の主要評論を収録するものです。本作品中に、現在の観点から見れば、差別とされる言葉・用語など考慮すべき表現も含まれておりますが、著者の作品が経営・ビジネス書の古典として多くの読者から評価されていること、執筆当時の時代を反映した著者の独自の世界であること、また著者は、2004(平成16)年に他界し、作品を改訂することができないことの観点から、おおむね底本のままとしました。

(ベストセラーズ書籍編集部)

＊本書は一九八六（昭和六一）年弊社初版刊行、『超常識のマネー戦略』を底本とし、語句・表記・時制の大幅な加筆修正を行い、新たに装幀を変え、挿画を入れ、新装再編版としたものです。

第1章

なぜ、いま デン・フジタ流なら 儲かるのか

ビジネスは推理力にモノをいわせろ

世の中には、博才《ばくさい》といって博打《ばくち》の才能の持ち主がいる。生まれつきなにも考えないで、ヒラメキだけで賭けをして勝つ人のことである。ただ、博才はだれにでもあるわけではなく、わずかの人がもっているだけである。

私には博才はない。博打をやるとかならず負ける。博才がないから、結局は推理力で勝負するほかはない。推理力は人生で決断をくださなければならないときに、重要な役割を果たすものなのだ。

推理力はデータがなければ働かせることは不可能である。データ、つまり雑学を身につけ、情報を仕入れて、なにかが起こったときにそれをもとに推理する。そういった推理力をもつように心がけるべきである。

決断を迫られたとき、博打のようにヒラメキで無謀な判断をくだすよりは、**データをもとに推理力を働かせてくだす判断のほうが、間違いがより少ない。**

しかし、データをただ集めるだけでは、正確な判断はくだせない。どんなに大型のコンピューターをもっていても、そのコンピューターの中に入っている情報だけでは、正確な判断を求めることは不可能である。要は、その情報をどう判断するかという自分の判断の仕方、推理の仕方なのだ。

そのためには、集めた情報はいつでも使えるように頭の中で整理しておかなければならない。そうして、その情報を整理した箱をいくつももつことである。その**箱の数が多ければ多いほど、正しい判断をくだすことができるものなのだ。**

間違いを修正しながらジグザグコースを進め

仕事でも商売でもそうだが、しばらくやってみてそれがダメだとわかったり、方向が間違っていることに気がつくことがある。

そんなときには、**ためらわずにただちにやり直すことである。**やり直すことは、メンツにかかわることでもないし、恥ずかしいことでもない。

かつて日中戦争のとき、日本が北支《ほくし》を占領し、アメリカから撤兵を求められたことがある。そのときに日本は、せっかく何百万もの兵をだしておさえているのに撤兵はできないと突っぱねて、戦争に突入していった。

あのときに立派な政治家がいたら、撤兵しやり直す方法をとったはずである。そうなれば、日本の歴史は変わったものになっていたと思われる。それを、ここまできたからにはあとへは退《ひ》けないと突っ走って、結局、失敗してしまったのだ。

ゴルフでもそうだが、最初の一打をOBしたからといって、あわてることはない。リカバリー・ショットをうまく打てば、OBなんかそれほど痛くはないものである。それをOBにこだわり動揺するから、リカバリー・ショットにもまた失敗してしまい、結局、目茶苦茶なスコアをだしてしまう。

人生でも、進んでいた方向がOBだとわかったら、リカバリー・ショットを打つことを考えるべきである。

というのも、人生でこれがいちばんいい方法であるとか、この道をまっしぐらに突き進めば間違いないということはきわめて少ない。そのつど、進路を少しずつ修正して進むことになる。少しずつ修正するから、その航跡《こうせき》はジグザグである。人生はストレートではなく、ジグザグなのである。

人生航路は、毎日少しずつ進路を修正し、方向転換をしていかなければならない。なぜ毎日少しずつかというと、10年も20年も先は見えないからである。

満塁ホームランよりゴロやバントを狙え

人間は、ともすると満塁ホームランのような人生を考えがちである。人生を博打だと思っている人は意外に多い。だから、満塁ホームランの人生を夢見てしまう。

しかし、人生は博打ではない。人生には満塁ホームランはあり得ないのだ。ゴロとかバントで塁を一つずつ進めていく。それが人生である。満塁ホームランというのは天才のやることである。そんなことを夢見ていたのでは、失敗してしまう。

マクドナルドは「世界最大のスモール・ビジネス」（ザ・ワールド・ビッゲスト・スモール・ビジネス）であるといわれている。「ザ・ワールド・ビッゲスト・ビジネス」で、しかも「スモール・ビジネス」なのだ。なにしろ、１００円、２００円の商品を売る小売業で、しかも今日、２兆５０００億円の年間売り上げを誇っているのだから、「世界最大のスモール・ビジネス」という言葉はまさにピッタリである。

マクドナルドは、アメリカのレイ・クロックという人が52歳のときにはじめたビジネスである。当時、クロック氏は糖尿病で、糖尿からくる神経痛のために足が悪かった。

52歳というと、日本では定年退職を前にした年齢で、そろそろ引退して孫のお守りでもしようかという年である。その年でクロック氏は、マクドナルドの仕事に挑戦し、ビッグ・ビジネスに育てあげたのだ。

1個15セントのハンバーガーを売るのは、それは小さな仕事である。クロック氏はけっして博才のある男ではなかった。1個15セントのハンバーガーを、推理しながら積みあげてきただけである。クロック氏は小さな仕事も積み重ねるとビッグ・ビジネスになることを身をもって証明したビジネスマンなのである。満塁ホームランなどけっして狙わなかった。

博才を発揮して宝クジで何千万円を当てる人もいるが、だからといって、それを狙っていたのでは人生を誤ってしまう。われわれの人生は、1個ずつの努力を積みあげていくところに、成功が待っているのだ。

もちろん、マクドナルドには、細かいことを積みあげていくノウハウがある。マクドナルドに限らず、どんな仕事でも、その人の開発したノウハウがある。それも、一つだけではない。たくさんのノウハウがある。**ノウハウは多く積み重ねれば積み重ねるだけ、安全なのだ。**

石垣は大きな石と小さな石の積み重ねでつくられている。だから、つぶれたりくずれたりしない。一つの石だけでつくっていたら、その石がつぶれたら万事休《ばんじきゅう》すである。

あーあ…
10億儲《もう》けたいね〜
ウンウン
キミたち
人生に満塁
ホームランは
ないぞ!
ハッ
誰《だれ》?
人生の成功は
ひとつずつの
努力の積み
あげに
ある
1個80円の
ハンバーガーで
私は…
ま まさか
あなたは日本
マクドナルド
創業者の…
デーン!!
藤田《フジタ》 田《デン》
私はキミらに
金儲けの方法を
教えにきたんだ!
えええ〜ッ!!

事業にしても、たった一つの理由で成功していると、ひっくり返る可能性がある。細かいことの積み重ねをおこたらないことが成功の秘訣である。積み重ねるものは、それがどんなに小さなものであっても心配することはない。

万能だという思い上がりが判断を狂わせる

会社の社長などで、自分は万能であると思っている者は少なくない。しかし、自分が万能だと思ったら、そこで事業は終わりなのである。思いあがったら最後なのだ。

だから私は、常に自分は1年生なのだと思うことにしている。新入社員が毎年4月に入ってくるが、そのときには、私は諸君と同じなのだと口をすっぱくしていっているのだ。社長だけに限らず、社員でも、自分が先輩でベテランだと思う人が少なくないが、もしもそんなことを考えたら、その瞬間に落ちてしまう。

というのも、世の中は刻々と変わっていっている。昨日正しかったことが、今日も正しいとは限らない。昨日正しかったことが、今日は間違ったものになっていることもあるのだ。先輩であるから、常に正しいとは限らない。

なぜ曖昧な方針しか出せないのか

借金国アメリカのドルが高くて、金持ち国である日本の円が安いということに関していうなら、アメリカと日本では、国家の姿勢がちがうことを指摘しておきたい。

アメリカは資本主義国家である。

したがって、資本主義の発展を助長するための法律がある。経済を優先させ、資本主義を前進させるのだという考えが徹底している。**ビジネスを優先させることを国家が認めている。**

だから、いかに借金国になろうと、世界じゅうの投資家や投資機関はアメリカに投資する。そのためにドル高になるのだ。

ところが日本の場合は、資本主義国家でありながら、資本主義国家なのか社会主義国家なのかわからない政策が多い。

国の方針がアメリカのようにはっきりしていないのだ。アメリカのように資本主義を助長する政策を積極的にとろうとしない。

ビジネスを保護し、助長するのではなく、むしろ痛めつけるような政策をとったりする。

これでは国は発展しないし、円安に進むのも不思議はない。

それでは、いっそ社会主義に方向転換をするかというと、社会主義でいけば日本が発展するという根拠はない。

今日の社会主義の国々を見るとわかるように、社会主義ではいろいろな意味で発展が遅れるからである。

日本は資本主義国家であるということを忘れているようだが、**社会主義国家ではない。資本主義国家なのだ。**

だから、国は産業を助長しビジネスを優先させる、働きがいのある政策をとるべきである。現状のような、資本主義か社会主義かわからない、曖昧な政策をとられたのでは、国民は困惑し、国の発展は足踏みするだけである。

日本人は国の方針がはっきりしないから、ビジネスの世界ではつらい立場に立たされている。ハンディキャップを背負わされて、ビジネスをしなければならない。国の方針が曖昧なことに不平不満を並べてみても、そういった現実であれば、その中でとにもかくにもビジネスをしていくほかはないからだ。

外国でビジネスをして成功する日本人が多いのは、案外、こんな現状の中でハード・トレーニングを積まされているせいかもしれない。とすればものは考えようで、曖昧な国の方針が日本のビジネス社会をきたえているのだから、ある意味ではそれがプラスになっているという見方もできる。

日本は莫大な貿易黒字をへらそうとして、内需《ないじゅ》を喚起するための政策転換を口にしたり、輸入品の購入を呼びかけているが、国民にカネを使わせようとするなら、税金を安くすべきである。

税金を安くして自由に使えるカネをふやしてやれば、内需拡大や輸入品の購入を呼びかけなくても、国民はカネを使うものなのだ。

そういったことをいくらいってみても、日本を資本主義国家として発展させるために、アメリカのような思いきった政策をとることができない日本の政治家は、聞こうとはしないのだ。

日本がこれだけ輸出が伸び、これだけ外貨が入り、なおかつ世界じゅうから嫌われているというのは異常である。本来なら、ほめられてしかるべきことだからである。それもこれも、国の方針がはっきりしないからである。ため込むばかりでは嫌われるのは当たり前である。

輸入品の購買に関していうなら、なにも不要なものを買い込んで死蔵《しぞう》することはない。マクドナルドでは、年間2000万ドルものポテトをアメリカから輸入している。だからマクドナルドの店にきてポテトを食べていただいたほうがいい。

昨日から今日ではなく、あすから今日を先読みしろ

私は22世紀から21世紀を見て仕事をするべきであると考えている。昨日から今日を見るのではなく、あすから今日を見るべきである。

これまで人間の判断は経験にもとづいておこなわれてきた。つまり、昨日から今日を見て、あすへの方針を立てていた。

しかし、それでは正しい方針は立てられない。あすから今日を見なければ、誤った方針を立てることになりかねない。

昨日から見た今日と、あすから見た今日では、同じ今日でも大分ちがってくる。それは、手を表から見るのと裏から見るほどにちがってくる。

過去からばかり今日を見ていると、人生の裏街道を歩かなければならなくなる。あすから今日を見れば表街道が見えてくる。昨日から見れば許せないことも、あすから見たら、むしろ、奨励しなければならないこともある。

人間は、常に将来に立って現在を見るというトレーニングをすべきなのである。

人間社会の将来はどうなるのか、文明はどう発達していくか、というシミュレーションが最近になっていろいろでてきた。

そういったことも、あすから今日を見るトレーニングである。

過去からあすを見るのではなく、将来の変化を予測し、そこから今日を見る。それは、一つのシミュレーションであるといえる。

ところが人間は、食べ物でわかるようにきわめて保守的で、どうしても自分の歩んできた道だけが正しいと思いがちである。しかしそれは、じつは、大間違いなのである。そんな考え方が結局、人間をいつまでも今のレベルにとどめている元凶なのだ。

人間ひとりの経験なんかたかが知れている

自分の歩んできた道が正しいという観念から抜けられないと、若い人を見ると間違っていると思ってしまう。

しかし、若い人のほうが案外正しいのかもしれないのだ。

私は、今日、入ってきた若い社員の考え方を採用してやるべきだと考えている。若い社員の考え方が、あすの世界の考え方になるのではないかと思っている。

そのために年間を通じて社員から、グッドアイデアを募集している。

すると毎月、150ないし250件のアイデアが全国の社員から寄せられてくる。1984（昭和59）年度は1660件のアイデアがだされ、その中から140件がグッドアイデアに選ばれた。

その中から最優秀賞に3名、優秀賞に4名を選んで表彰した。

社員がだしてくるアイデアは、ほんのちょっとしたことだが、会社にとって非常にプラスになることが多い。

現場の人間でなければわからない、ロスをはぶくアイデアであったり、時間短縮のアイデアであったり、売り上げの伸びにつながるアイデアであったりして、感心させられるものが多い。

たとえば、トッピングといって、アイスクリームにチョコレートをかけるのに、スプーンを使う。

ところがチョコレートの容器にトッピングのスプーンを入れておくと、容器の中にスプーンが滑り落ちてしまう。だから、スプーンの柄《え》の真ん中のあたりに引っかけるものをつくって容器のふちに引っかければいいといったものなどもそのひとつである。

看板ひとつにしても、看板の横に懸垂幕《けんすいまく》をぶらさげれば、どこからでも見えるというアイデアがだされたりする。
今まで気がつかずに見落としていたものである。そういったものは、さっそく取り入れて活用している。

こうした社員のアイデアは、単に会社のプラスになるだけでなく、社員に会社の経営に参画しているという自覚を抱かせる。

そうすると、給料分だけ働けばいいというのではなく、積極的に働こうという意欲を起こさせることになり、それがお客へのサービスの向上などにつながり、会社にとって大きなメリットになるのである。

私はグッドアイデア賞をわが社に設けたが、棚ボタ式にアイデアを待っているだけではない。本社の社員には、月に3回、店にいくことを義務づけている。そして、1行でもいいから、レポートを提出させることにしている。

同じ店に毎日いっていても、いく季節、時間がちがってくる、そうすればマネージャーもちがう、客もちがう、売り上げもちがう、店の清潔度もちがう。

だから、月に3度いけば、同じ店でも同じ状態ということはない。そのレポートを義務づけている。強制しているのだ。

強制されると店にいく。そして、いろんな細かい点に気がついて賢くなる。強制をしないでいると、店にいこうともしないものなのである。

どんな企業でも、世の中の変動に対応していくためには、変えていかなければならないことは無数にある。なにをどう変えていかなければならないかは、そこに働いている全社員が注意していかなければならないことである。一部のマーケティング部門の社員がやればいいというものではない。

会社は総力戦である。

全員に愛社精神がなければその会社は伸びない。ビジネスマンはビジネスのプロだから、24時間、ビジネスオンリーでいかなければならない。気をゆるめたら負けである。

人生はマラソンである。

休むのは本人の勝手である。しかし休んでいる間にだれかに追い越されたら、一生、相手を追い越し返せないかもしれないのだ。

私は、社長は24時間が公務だと思っている。社長である以上、私生活、プライベートタイムはないというのが私の考え方である。そう思えば、イヤなことなどはなにもない。それがイヤなら社長業はやめるべきであると思う。

レンズに太陽光線を当てて紙を燃やそうとすれば、焦点を合わせなければならない。ピンボケでは紙は燃えない。

人生というものは、いつもレンズの焦点を合わせたベスト・コンディションの状態でなければならないのだ。

第2章

〝日本流〟では国際競争に勝てっこない

他人との付き合いに以心伝心はない

私は商売柄《がら》よくアメリカにいくが、アメリカではホテルに泊まるより、アメリカ人の家に泊めてもらうことが多い。ホテルに泊まっているとわからないことでも、家に泊めてもらって一緒に生活すると、いろんなことがわかってくる。

日本人は、日本の女だけがよく気がつくあたたかい女で、アメリカ女はわがままだからすぐ離婚を申し立て、主人がかまってくれないと簡単に浮気をすると思っているようだ。

しかし実際には、日本の女性以上に家庭的な女性が多い。アメリカ人の家に泊めてもらうと、奥さんがかならず、洗濯物をだしなさいという。遠慮してださないでいると、留守中にトランクをあけて、使用済みの下着類は洗濯し、アイロンをかけてベッドの上に置いてある。

自分の家にいると思って、下着をトランクなんかに隠さないでくださいという。

朝食でも、なにが好きかとたずねてからつくってくれる。フルーツは、バナナをスライスしてミルクをかけるのがいいか、メロンがいいか、グレープフルーツがいいかときいて、好みのものをだしてくれる。

パンにしても、トーストにはバターをつけるのがいいか、ジャムがいいか、チョコレートがいいかとたずねて、こちらの食べたいものを用意してくれる。かゆいところに手が届くように心のこもった接待をしてくれる。

すぐ離婚をする国と思われていて、事実、カリフォルニア州では50パーセントの夫婦が離婚しているという最近のデータがあるが、それは、よりパーフェクトなものを求めようとするからである。

アメリカ人の家に泊まって、いよいよ帰るときには、またきてくれ、かならずきてくれ、あのベッドはあなたのためにとっておくからと心からいってくれる。再び泊まるような機会に恵まれると、日本のスリッパなどを用意してくれて、本当に歓迎してくれる。非常に細かいところまで配慮がゆき届いている。

そこへいくと日本人は、またどうぞといっても口先だけのことが多い。

カナダのマクドナルドの重役会にいったときにはこんなことがあった。

午前10時からの重役会に、日本人の女性が二人、着物姿であらわれ、箏曲《そうきょく》のテープをかけて、いきなり『黒田節』を踊りだした。私はあっけに取られて、なぜこんなことをするのかとたずねた。

そうすると、カナダの重役が、われわれが日本へいくと、いつも料亭に呼んでくれて、そこで女性がでてきて踊りを見せてくれる。だから、今日は日本人町から踊りのできる女性を連れてきたのだという。

それにしても、重役会の前に踊りだすというのは、ふざけているともいえるし、遠来の日本人をもてなそうという好意のあらわれだから感謝しなければならないという気持ちもあって、なかなか複雑な気持ちだった。

しかしとにかく、心から歓迎してくれているという熱意だけは十分に伝わって、うれしかったのは確かだ。しかも、コーヒーのかわりに日本茶がでて、饅頭《まんじゅう》もでてきた。これも、わざわざつくらせたのだという。日本人は口ではうまいことをいうが、とてもそこまではやらない。

私は、正直まいったと思ったし、今度カナダの連中が日本へきたら、スコットランドの赤いスカートをはいて歓迎してやろうと本気で考えたものだ。

同時に、この差はどこからくるものだろうかと考えさせられもした。日本人は一民族一言語だから、話せばわかるという安心感が心のどこかにある。それが客を歓迎する場合も、そこまでしなくてもわかってもらえるという甘えにつながっているような気がする。

一方、アメリカとかカナダは異民族の集まりだから、言語もさまざまである。話したって、わかってもらえない。本当に誠意をもってとことんやらなければ、こちらの気持ちは相手に通じないし、相手もついてきてくれない。

言葉だけではなく、宗教もちがえば生活環境もちがう。そうなると、親切も徹底的な親切でなければわかってもらえない。だから死にもの狂いで相手に尽くすのである。日本人が「腹をわって話しましょう」などというのは「なあなあ主義でいきましょう」といっているのではないかと思えてくる。裸の付き合いとかいってるわりには裸になっていない。鎧《よろい》の上に鎧を着けたような話をしていながら裸で話しているという。そういう意味では、アメリカ人のほうがはるかにオープンである。

うまい話にある金儲けの落とし穴

アメリカやカナダは異民族、多言語で国家が形成されているから、以心伝心などという便利なものはない。したがって、ビジネスも契約書をきちんと取り交わしてから取り引きすることになる。日本のように、契約書なしでビジネスを進めるようなことは絶対にない。

日本も明治以降、一応は契約社会になってきたが、まだまだ契約書にハンを押してもそれを守らない人が珍しくない。むしろ、豊田商事の被害者に見られるように、ハンを押したために法律的に弱い立場になってしまうことが多い。

だいいち、生命保険の契約書のように、複雑すぎてなにが書いてあるかわからない契約書が多い。

契約書は、なるべく簡単明瞭に、自分の権利を箇条書きにしておくことが肝心である。先方がつくってきた契約書を十分に点検もせずにハンを押したりすると、あとで泣きをみる。

たとえば、銀行の契約書なんかも、よく読んでみると、銀行に一方的に有利なことが書いてある。私はそういった部分はすべて訂正し、こちらの有利なものに直させる。そうでない限り、ハンは押さないことにしている。

契約書にハンを押せば、その瞬間から責任が生じる。だから、契約の基本は、契約書を熟読し、気に入らないところはかならず訂正してからハンを押すべきなのである。

その基本を守らないから、他人の負債まで背負い込んだり、財産を失ったりすることになるのだ。契約書を交わしたあとでトラブルが起きる場合、従来は、契約書に書いてない事故が起きて、それで紛糾《ふんきゅう》することが多かった。

ところが、**これからは、はじめから契約書に穴をつくっておいて、それで引っかけよう**

とする悪い奴がふえてくるはずである。欠陥契約書を作成し、そこに被害者を誘い込むのだ。

高度に発達した資本主義下では、合法的な、弁護士ですら見抜けないような罠《わな》を仕掛けてくる悪知恵にたけた奴が活躍することが予想される。そのときには、ハンを押したほうが負けなのだ。

犯罪組織が、合法の皮をかぶって善良な市民をだましにかかるケースは増加の一途をたどるだろう。それに引っかからないためには、うまい話には乗らないことである。

「1か月で2割儲かる契約がある」といった話には、耳を貸さないことである。身を乗りだしたり、耳を貸したりした時点で、その人は人生の落伍者《らくごしゃ》なのだ。

うまい話がそうザラにあるわけはない。なんらの努力もせずに、簡単に儲かる話をきいたらそれは全部ウソだと考えるべきなのである。そんな話はあり得ないからだ。

隣の芝生は緑に見える、隣のバラは赤く見えるというが、人間は自分のやっていることが、いちばん儲からないような気がするものなのだ。しかし、一見、まわり道に見えるが、それが本来の仕事なのである。

大きい組織の上に乗って、人につらい仕事をさせ自分だけが甘い汁を吸う、自分だけが利益を吸いあげるといったことは、あり得ないことである。人間は死ぬまで努力すべきなのだ。

公私混同はレベルが低い証拠だ

私は、社長には〈私〉は存在せず、〈公〉しかないと考えている。だから、公私混同が生じるのは、一般の人たちの間である。

公私混同は、もちろんいいことではない。〈公〉と〈私〉の間に線を引き、はっきりと区別しなければならない。

〈公〉と〈私〉の分け方は、時間で分ければいい。勤務時間中が〈公〉で、勤務時間外が〈私〉だと区別をつければいい。社長に〈公〉だけあって〈私〉がないというのは、社長は24時間、勤務時間だと思うからである。

社員は勤務時間中に〈私〉をもち込まず、勤務時間後は〈公〉をもち込まなければ、公私混同はなくなるだろう。

私は文明のレベルが高くなると、当然、こうした公私混同などという問題は解決されると思っている。ＯＬにタバコを買いにいかせたり、部下に引っ越しの手伝いをさせたりして、それを勤務評定《ひょうてい》に加味するのは低次元の話である。

時代が進み、次元が高くなると、そういったことはなくなってしまう。それこそお歳暮、お中元もなくなるのではないか。

日本で、公私混同が問題になるということは、日本の次元がいかに低いかを物語っている。ビジネスの最先端では、公私混同はあってはならないのだ。また、公私混同を論議しなくてはならないような前近代的なレベルの低いことではしょうがない。

わが日本マクドナルドでは、盆暮れのボーナスは社員にだすが、もう一回、決算期にもボーナスをだし、これは社員の奥さんに支給している。

私がそういうと、それは公私混同ではないかという人がいるが、これは公私混同ではない。

人間社会の基本単位は夫婦である。個人的な理由で結婚しない、あるいは結婚できない人を除いて、人間は結婚し、子供をつくり、つぎの世代にバトンタッチをして人生の幕を閉じる。だから、夫婦が社会の一単位である。

とすると、夫が働いて会社に貢献できるのは、夫のために食事の仕度をしたり、お風呂の用意をしたりして、夫が働きやすいようにしている妻の功績に負うところが大である。ボーナスも月給も、極論すれば、妻に半分だすべきである。

そう考えて、せめて決算期のボーナスだけは、社員の奥さんに支給している。だから、この奥様ボーナスは、けっして公私混同などといった低次元の問題ではない。

ビジネスに〝個〟をもっとだせないか

日本人の意思決定は独特である。世界に類を見ないおみこし主義である。

会議などで、みんなのコンセンサスによる意思決定をやる国民で、個人が意思決定の責任を取ることはない。全体で決議して、みんなでおみこしをかつぐ。成功も失敗も、グループの責任にし、責任の所在をぼかしてしまう。

そういったおみこし主義になったのは、長い間の日本の歴史と無関係ではない。

日本は農業を中心に発達した国であり、その農業の単位として村があった。村じゅう総出の田植えをおこない、村じゅう総出の取り入れをおこない、それが終われば村じゅうで収穫を祝う村祭りをおこない、全員で楽しんできた。そこには個人がでてくる余地はなかった。

しかし、会議などでいくら名プランをだしても、それが個人の得点に結びつかず、グループの得点になることがわかると、名案をしぼりだすことがバカバカしくなる。そのために、当たりさわりのない発言しかしなくなる。

従来の日本では、みんなのコンセンサスによる意思決定はある程度、やむを得なかった。**これからは、それが薄れ、個人が意思決定をおこない、個人が責任を取る時代に入っていく。**

ただ、**日本では個人が意思決定し、個人が責任を取る時代に完全に移行するまでは、しばらく時間がかかる。**それができる優秀な人間が少ないからだ。

優れた人間がおらず、どんぐりの背くらべの国では、どうしてもみんなのコンセンサスを取らなければならない。

みんなが金持ちになってハッピーな老後を送ろう

1985（昭和60）年、レーガン大統領は、アメリカの所得税を、15パーセント、25パーセント、最高が35パーセントの3段階にする構想を発表し、全世界の注目を浴びた。

私はこの年、アメリカでロックフェラーとただふたりだけ、個人でゴルフコースを所有している元英国大使・アンネンバーグ氏の自宅に招待された。夫人の案内でコースをたったひとりでまわったが、こういったゴルフコースを合法的にもつことができる税制にしないと、日本人は働くことに張りをもたなくなるのではないかと思う。老後は厚生年金で細々と生きていこうとか、だれかのお情けにすがって生きていこうというのではおもしろくない。**老齢社会が進むと、やがて日本では、ひとりの若者がひとりの老人を養わなければならない時代になりかねない。**しかもさらに寿命が伸びていくと、若い人はとても老人の老後を支えきれなくなってしまう。老後を若者に頼らないで生きようと思えば、働ける間に老後をにらんで、ある程度の蓄財をしておかなければならない。

それには、働いた者からはしぼり取れるだけしぼり取るという、現在の税制をつづけてはダメである。現在の税制でこのままいけば、国の将来は危険にさらされるといってもいい。政府は10年間も贈与税の免税点を放置し、文句をいわない国民に甘え、頬《ほお》かむりをしている。国民も老後は年金でなんとかなるだろうと国に甘えている。そんな甘い根性の国民が、国際的な土俵で世界のビジネスマンを相手に戦えば、ねじ伏せられてしまうのは当然である。

日本人に甘んじていては競争社会に取り残される

外国のビジネスマンは、〝義理〟とか〝人情〟などという言葉すら知らない。〝建前〟と〝本音〟もない。したがって、ビジネスはきわめてシビアである。

対する日本人は、甘えの構造の中にどっぷりつかり、異民族との付き合い方を知らない。これでは、勝てというほうが無理である。

外国人は、酒を飲みながらビジネスの話をするという日本人の流儀がわからない。わからないから、そうした日本人独特の考えは通用しない。

あらゆる部分で、これから、外国との差がはっきりとあらわれてくる。「ジャパン・アズ・ナンバー・ワン」などとおだてられ、いい気になっていると、足元をすくわれてしまう。

なにしろ、世界じゅうで日本式の生活をし、日本式の考え方をしている者は、わずか1億2600万人しかいないのである。全世界の人口40億人の中の約1億人だから、日本人は40分の1の少数民族である。40分の1では、どうおだてられても、世界の主流になれるわけはない。

ここで日本人は世界の40分の1だということを、われわれはよく考えるべきなのである。日本式の生活や考え方に甘えていたらダメだということである。

日本は今、温室の中にいるようなものである。温室の外には厳しい寒気が吹き荒れている。それが現実の世界なのだ。そのことに早く気づき目ざめないと、日本は世界の進歩から取り残されてしまう。

日本は貿易収支が黒字国でアメリカは債務国である。だからといって、日本のほうが国力が上であるとは、世界じゅうでだれ一人思っていないはずだ。

たとえば、私は以前、アメリカのシカゴとニューヨークの間にあるクリーブランドにいったことがあるが、家がポツン、ポツンとしか建っていない。あまりに寂しいところなのでなぜかとたずねたら、1軒につき土地が1エーカー以上、つまり、1200坪以上と決められているからだというのだ。以前は5エーカー、つまり6000坪以上に1軒だったのを、規制緩和して、1エーカーを最低の条件にしたというのである。

アメリカとはそんな国なのだ。国土が大きく、天然資源にも恵まれているから、巨大な債務をかかえても、なおかつ国が発展しているのがアメリカである。その底知れぬ国力、エネルギーは遠く日本の及ぶところではない。本気で立ちあがれば、赤字など吹き飛ばすはずである。

ところが、日本は小さい会社をつくって、社員を安く雇ってといった発想しかできない。大企業をおこして、でかく儲けて高い月給を払ってやろうという発想がない。ここらで発想を変えて、世界的なレベルにしなければならない。

発想が世界的レベルでないから、摩擦が起きてくる。日米貿易摩擦で、アメリカ人がなぜ怒っているかが、日本人にはわからないのだ。世界的レベルの発想をするには、まず甘えを追放することである。

第3章

天下を取った成功者が潰れる理由

経営者は性悪説の立場に立て

日本の経営者の考え方は、私にいわせると甘すぎる。

日本の経営者たちは、日本の国は美しい、一国家一民族で仏教的発想をするから人間は悪いことはしないと考えている。だから、社員はかわいがってやれば、安月給でも恩義を感じて会社や経営者に忠誠を尽くすものだと信じている。

そういった、お涙ちょうだい式な考え方をしていたのでは、これからは生き抜いてはいけない。はっきりいえば、これから性善説《せいぜんせつ》の立場を捨て、性悪説に立って会社を経営していかなければならないのである。

文明が進歩してくると生活が豊かになる。テレビで最新の情報が入るし、ドラマや映画が自宅にいながらにして楽しめる。マイカーで好きなときに好きなところへ、好きなスピードでいくことができる。エアコンのおかげで酷暑の夏も避暑地へいくことなく快適にすごせる。

そういった豊かな生活は、確かに文明の恩恵である。しかし、文明は恩恵だけをもたらすものではない。文明を利用した高度に発達した犯罪をも、同時にもたらすものなのである。

部下さえも信用できない時代がきた

かつて、自動車や航空機を犯罪に用いることは想像もできなかった。ところが、今日では、航空機乗っ取り事件などという犯罪がおこなわれる。

航空機のない時代には、一度に数十人の人間を小さなところに閉じ込めて脅迫し、犯人が目的を達するような犯罪は不可能だった。文明が航空機を生みだしたから、ハイジャックという犯罪がおこなわれ、一度に数百人の人命が失われたり、失われそうになるという危険にさらされることになった。

コンピューターを利用した犯罪も、これからいろいろなものがでてくることが考えられる。コンピューターを使った初歩の犯罪でも、伊藤素子の事件があり、女子行員のちょっとした操作で5億円もの大金が横領できることが証明されている。

これからは、もっと複雑な操作で、もっと高額のものを横領する、国際的規模の犯罪があらわれる可能性がある。

日本人特有の性善説の立場に立ってのんきにかまえていたのでは、ひとたまりもない。

人間は文明の恩恵だけに目を向けがちで、文明を利用した犯罪というと実感がわかないものだが、これからは進歩した文明を利用した大がかりな犯罪に備えなければならない時代なのである。

古典的なコソ泥、スリ程度の犯罪がおこなわれているうちは、取り締まりもそれを検挙すればことはたりていた。性善説をとり、コソ泥やスリを改心させれば、同一人物によるつぎの犯罪も予防できた。

しかし、インド航空機の爆破事件に見るように、瞬時にして数百人を殺すような犯罪には性善説は通用しない。インド航空機に爆弾が積み込まれたのは、カナダのトロントの空港の手荷物検査がゆるやかだったためである。性善説が1個の爆発物を入れた荷物を見逃したから、数百人の人命を失う犯罪がおこなわれたのだ。

コンピューター犯罪は、現在でこそ、まだ大きな問題にはなっていないが、将来は、大規模な犯罪が頻発《ひんぱつ》することが考えられる。しかも、コンピューター犯罪の最大の特徴は、普通の人間では、ソフトウエアがわからないから、手のほどこしようがないということである。

5、6人で日本的経営をやっていくうちはいい。組織が巨大になり、目の届かない社員がふえてくるとそうはいかなくなる。

だから経営者も、目撃者がおらず絶対安全であればかならず泥棒をするという社員をかかえているという前提に立って、これからは経営をしていかなければ危ない。文明の利器を活用した大規模犯罪を予防できない。

過去の犯罪はいずれも小規模であった。犯人グループもせいぜい数人という程度だった。しかしこれからは、犯罪をビジネスにする者が出現してくる。体が頑健で頭脳も優秀という人間が、合法の仮面をかぶり、国際的な規模でグループを組んで犯罪ビジネスに乗りだしてくる。

これに対処するには性悪説に立って冷静な状況分析をおこなうしかない。

コンピューターの便利さの裏のマイナス面

日本人は、世界にもその例を見ない九九を駆使する暗算が得意な民族だった。計算がはやい。

そして、コンピューターのない時代の算盤《そろばん》は、これ以上はない、最高の計算機だった。

九九と算盤。このふたつがあったからこそ、日本人は世界でもっとも暗算がはやくて正

確だと賞讃されたものである。

最近はポケット計算機が普及して、買い物などの釣り銭の計算も瞬時にできるようになった。頭を使って暗算をする必要がなくなってきた。

そのために、日本人もしだいに暗算が不得手になりつつある。計算はすべてコンピューターまかせの時代になってきた。つまり、機械万能主義になりつつある。計算は確実になってきたが、反面、これは危険な傾向でもある。機械に頼りすぎることで、人間同士の信頼感が失われるからである。

私にいわせるなら、コンピューターは高速道路のようなものである。高速道路の建設が計画されると、騒音が発生し、環境が破壊されるという理由で反対を唱える人があらわれたり、用地買収をめぐってトラブルが発生したりで、建設は難航する。

ところが、完成して非常に便利だということがわかると、反対していた人も積極的に利用するようになる。わざわざ、信号ストップや渋滞で時間がかかる一般道路を利用する者はいなくなる。同様に、コンピューターも使いはじめると使わないわけにはいかなくなる。それほど便利なのだ。だからといって、あまりコンピューターに頼りすぎると、人間関係がぎくしゃくするといった悪い面がでてくるのも事実である。

西欧化が人との付き合い方を変える

私が子供の頃は、生徒が学校の先生をなぐるようなことは、信じられないことだった。なぐる生徒のほうにも、なぐられる先生のほうにもそれぞれの理由はあるはずだが、これが文明の進歩なのである。文明の進歩は先生が万能ではないことを証明した。生徒から、先生は平凡な安月給取りではないかといわれれば、それまでなのだ。そういった時代に、親孝行をしろ、先生を尊敬しろという思想を一方的に押しつけても、子供はそれを受け入れてはくれない。

コンピューターが発達し、なんでもコンピューターに依存するようになると、親と子の人間関係、先生と生徒の信頼関係もくずれかねないのである。

文明が進歩すると、今日の１日８時間労働という原則も変わることが考えられる。１日８時間労働では十分な成果が得られないからである。１日20時間分の労働が当たり前になるかもしれない。それほど、企業間の競争は激化することが予測される。

だから、これからの魅力的な人間というのは、自分の能力が10とすると、パソコンなどを駆使して、能力を10倍アップして、１００の力で働くことができる人間である。

こうしてコンピューターへの依存度が高まると、ますます人間関係は薄らいでいく。そういった時代には、アメリカ人がやっているような、家族単位の付き合いが必要になってくる。

家族は夫婦につぐ小さな単位である。グループ同士の付き合いは、グループが大きくなるほどむずかしい。人間自体が多様化すれば、趣味も利害関係も多様化してくる。だから、小さくても家族単位での付き合いが一般化していくものと考えられる。

はじめに、これからは性悪説をとれといったが、人間全部を悪人であると考えると自分も悪人だということになってしまう。そうすると、自分だけは人のものを盗まないといってみても、一般には通用しない。そうなると、それが通用する者だけが集まろうとする。あるグループとだけなら性善説で付き合える、という同士だけが集まろうとする。そういったことからも、アメリカ人のおこなっている家族単位の付き合いが、これからは必要になってくる。

「金の切れ目が縁の切れ目」は契約社会の本質だ

家族単位の付き合いを含め、世の中は西欧化している。

日常生活も、布団がベッドになり、トイレもウェスタンスタイルになり、朝食がパンとコーヒーになりつつある。
西欧化というのは、交通機関が便利になり、カゴが自動車になるということだけではない。ビジネスの世界でも、これまでは以心伝心でことが運ばれていた。改まった契約などは必要なかった。しかし、これからは、契約ということがうるさくいわれるようになってくる。契約社会になってくる。それも西欧化である。
もちろん、西欧化が進んだからといって、意識まで短期間に西欧的な意識になるとは考えられない。

日本人としての意識は、一夜でアメリカ人の意識に変わるものではない。

かつては、夜中まで働く社員が上司から働き者として評価された。しかし、西欧化が進むと使われている側もシビアになり、安い超勤手当てで働くよりも休息を選ぶようになるかもしれない。

働かせるかわりに高い給料を払うという姿勢が経営者にも要求される。「うちの会社は世の中のためになることをしているのだから、安い月給で辛抱してくれ」というこれまでの理論では通用しない。
昔は、芸者は金の切れ目が縁の切れ目だといわれたものである。最近では芸者でなくても、金の切れ目が縁の切れ目と心得ている者が多い。
これから西欧化が進むと、もっとひどい状態になるかもしれない。

第4章

21世紀に勝つ〝科学的ビジネス〟とは

ビジネスは科学だ

私は重回帰法《じゅうかいきほう》を現在、日本マクドナルドで活用している。重回帰法というのは、どんなものかというと、いくつもの要因から売り上げを予測していく方法である。

半径1キロメートル内の人口は何人か。2キロメートルでは何人か。その中に、スーパーマーケットはあるか。駅はあるか。劇場はあるか。そういったビジネスの要因になるものを、まず調査する。

駅については、1日の乗降客の数は何人か。北のほうへいく人は何人か。南のほうへいく人は何人か。スーパーについては、年間に休業日が何日あるかといったことを調べる。そしてそれらをもとにして、そこに店をだした場合の売り上げ金額をコンピューターではじきだす。

それが重回帰法である。この重回帰法を導入するまでは、売り上げ金額の予測は、常にカンだけでやっていた。だから、店をだしたものの、売り上げが予測を大幅に下まわって撤退する羽目になったこともある。

新しく、未知の町に店をだすときに、いちいちそこに住んでみて、売り上げを予測するわけにはいかない。住んでみたところで、従来はカンに頼るほかはなかった。まして、1日だけいってみたのでは、なにひとつわからない。

しかし、重回帰法では、かならず、売り上げを予測する数字がでてくるのである。

私は、半径500メートル、1キロメートル、2キロメートル、3キロメートル……と半径16キロメートルまでのデータを取らせ、**そこのインカムの状態、男女の人口、小中学校、高校、短大、大学の数と学生生徒数、町がどの程度進歩しているかをすべて計算させる。**

1985（昭和60）年現在、マクドナルドは日本に500店がある。**500店のデータがあれば、重回帰法で新しく開く店の売り上げが、瞬時にはじきだされるのである。**しかも、その予測が当たる確率は95パーセントの高率なのだ。

残る5パーセントは、周辺の公団アパートが初期の建物で家賃が安く可処分所得が多い層の住人だったために売り上げが予測を上まわったり、逆に、新しいアパート群ばかりで家賃が高く、可処分所得が少ないために予測を下まわったりした場合である。

そういった予測がはずれた原因をつきとめるたびに、プログラムを修正していく。そうすると確率は、ますます高くなっていく。

95パーセントの確率も、最初からそんな高率だったわけではない。初期には的中率が50パーセントだったこともある。1000万円の売り上げ予測が、ふたをあけてみたら2000万円あったということもあったが、現在ではそんなことはなくなった。

以前は、新しく店を出したいと思っている町に足を運んでみて、たいしたことはなさそうだとカンで取りやめたこともある。重回帰法では、そういった場合でも、コンピューターの計算が「GO」とでれば、安心して店をだすことができる。

この日本マクドナルドが導入した重回帰法は、プログラミングがすばらしいという評価を得て、現在では世界じゅうのマクドナルドが採用している。

新しく店をだす前に、95パーセントの確率で売り上げが予測できるということは、非常にたのもしいことなのである。

失敗した「つくば科学万博」の教訓

ただ、この重回帰法による新店舗の売り上げ予測も、1985年の「つくば科学万博」ではは ずれた。

科学万博の会場では、東店、中央店、公園店、西店の４店舗をだした。

重回帰法による各店の売り上げ予測は、全期間を通じて、東店２億５０００万円、中央店３億１０００万円、公園店１億２０００万円、西店１億８０００万円である。全店の合計が８億６０００万円。

ところが、実際には、85年８月現在、東店１億４０００万円で予測の58パーセント。中央店２億４０００万円で77パーセント。公園店１億８０００万円で１５１パーセント。西店４億５０００万円で２４８パーセント。**トータルでは10億1900万円、117パーセントである。**

４店舗合わせれば、予測を上まわる成績が達成できたものの、個々の店舗では大きくはずれたといわざるを得ない。

予測がこれほど大きくはずれた原因の一つは、人の流れがつかめなかったことにある。われわれは、メインゲートを重視して、どこのゲートの入場者がもっとも多いか、ということばかりに気を取られていた。

ところが、入場した直後にレストランに入ってくる客はほとんどいない。だから、入場者のもっとも多いメインゲートに近い店は売り上げが予測を下まわった。

売り上げが予測の２４８パーセントに達した西店は、団体客の集合場所の西ゲートにもっとも近い場所にある。つまり、入場者は会場に入ると、思い思いの場所に散っていくが、帰りに団体客は集結する。西ゲートをでたところは団体バスの駐車場だから、いきおい西ゲートは団体客の集結場所になる。それを見落としていたのだ。

帰りには空腹になっているし、お金を使い果たしても安心である。そういった入場者の心理も売り上げ増につながったものと思われる。

予測がはずれたもう一つの原因は、人気パビリオンがわからなかったことにある。人気のあるパビリオンの近くのレストランは売り上げが伸び、人気のないパビリオンに近いレストランは閑古鳥《かんこどり》が鳴いた。

しかし、パビリオンの内容の善し悪しや人気の有無は、万博の当事者にもわからなかった。まして、レストランの経営者であるわれわれに、わかるはずがない。

こうした予測の狂いは、教訓として、つぎの機会にいかしたいと思っている。

アメリカの一部で商売しているつもりでやれ

日本マクドナルドでは、21世紀にはどういうタイプの店をつくったらいいか、21世紀にはどうあるべきかを試行錯誤している。それをしておかないと、21世紀に生き残れないからだ。

1985（昭和60）年8月16日に、**500号店として、21世紀のサンプルとなる店を東京・用賀に開店した。この店の特徴は、従来、固定していた椅子を動く椅子、ルーズ・チェアにしたことである。**100パーセントではないが、ルーズ・チェアを導入した。

元来、レストランの椅子は移動式だった。それが、ファースト・フードのレストランでは、清潔さを保つためと、客の回転をはやくするには、固定式の椅子がいいというので動かない椅子になった。

ルーズ・チェアの場合は、客がリラックスして、店内にいる時間が長くなる傾向があるのは確かである。しかし、ファースト・フードの店では、さっと食べてさっとでることに、客のほうが慣れてきた。だから、ルーズ・チェアにしたからといって、長居をする客がふえるということはないものと思われる。

最近は、アメリカからやってくる外国人客がホテルよりも旅館に泊まりたいと希望するケースがふえている。彼らにいわせると、旅館のほうがリラックスできるそうなのだ。ホテルでは、ホテル内のレストランにいくにも、洋服を着なければならない。その点、旅館だと、浴衣や丹前《たんぜん》のままでいい。そういった、ホテルでは味わえないリラックスした気分が、外国人客の間で人気を呼んでいるのだ。

こうした**アメリカ人の傾向から見ても、ルーズ・チェア方式のリラックスした雰囲気が、21世紀のファースト・フードの店には必要になってくると思う。**

また、その椅子の高さも、アメリカ並みに45センチにした。日本人の背丈に合わせるのであれば、42センチでいい。それよりも3センチ椅子を高くした。平均的日本人なら足がつかない高さである。

それを45センチにしたのは、21世紀の日本人には45センチの高さの椅子がちょうどいいはずだとにらんだからである。

第500号店をだした環状8号線の東名高速インターチェンジ付近は、別名アメリカ村といわれるほど、アメリカ様式のレストランが立ち並んでいる。その一角に立って周囲を見まわせば、ここは果たして日本だろうかと思うほど、アメリカ的な雰囲気である。

だから私は、500号店の用賀店を、アメリカの郊外の町にだす感覚でつくってみた。マーケティングも戦略もポスターも看板も、そのつもりで展開している。事実、あの場所は、イリノイ州かカリフォルニア州の郊外の町の一角だと考えたほうが、割りきりやすい。日本の町だと思うから、やりにくい。

用賀だけではなく、21世紀には、日本はアメリカの一州だという考えをもったほうが割りきりやすい時代になるものと思われる。ビジネスマンはそういった方向で考えたほうがいい。そう考えれば、英会話も上達しなければならないと思うだろうし、生活様式もそのように変えざるを得ないだろう。

もちろん、日本はアメリカ合衆国とは別の、独自の主権をもつ国家で、日本人がアメリカ人になるわけではない。

しかし、**ビジネスは日本で日本人相手にしているという考えを捨てて、アメリカの1州でしていると考えたほうが成功する。**東京でも大阪でも、日本国の東京、日本国の大阪だと考えずに、アメリカ合衆国の一部の東京や大阪でビジネスをするのだと割りきったほうが成功する。

高速道路網の発達がビジネスを変える

1971（昭和46）年には、わが国の高速道路の延長は710キロメートルにすぎなかった。

以後、年々、高速道路の延長は確実にふえて、81（昭和56）年には、2860キロメートルと10年間で4倍以上になっている。

82（昭和57）年には、3010キロメートル。84（昭和59）年には3435キロメートルになった。高速道路は、これまで鉄道のなかったところに鉄道ができたようなもので、人間の生活を大きく変えた。

この高速道路は、90（平成2）年には、総延長が7600キロメートルに達する予定になっている。そうなったときには、われわれの生活は、さらに大きく変わっていくことが予想される。高速道路網が日本国じゅうに張りめぐらされたときにどうするか。そのことも21世紀対策の一つとして考えておく必要がある。

高速道路とマクドナルドの売り上げには、直接の関係はなさそうだが、たとえば、75（昭和50）年、高速道路の延長が1888キロメートルのときに、日本マクドナルドの売り上げは年間100億円だった。79（昭和54）年、高速道路の延長が2579キロメートルになったときに、日本マクドナルドの売り上げは4倍の400億円に達した。さらに、高速道路が3435キロメートルに延びた84（昭和59）年には、ついに1000億円を突破した。

しかし、売り上げ1000億円を突破したからといって満足したわけではない。

そもそも、私が年間売り上げ1000億円のアドバルーンをあげたのは、売り上げが100億円に達したときだった。そのときに、1000億円を売る産業にするといったのだから、荒唐無稽なことをいうと笑われたものだ。

1000億円の売り上げを連成すると、今度は5年後には2000億円の売り上げをあげるとつぎの目標を立てた。西暦２０００（平成12）年には５０００億円の売り上げをあげるとつぎのつぎの目標も発表した。

そうやって、目標を掲げ、自己暗示をかけて仕事をしていくことが大切なのである。そういった自己暗示をかけて、自分も社員も引っ張っていくべきなのである。しかも、その目標はどうしたら達成できるかを計算し、予測しつくしたうえで、あくまでも実現可能なものを打ちあげなければならない。

高速道路網の発達は人間の生活をめまぐるしく変えていくが、それに押し流されないように、目標を立て、それに挑戦する姿勢が大切である。

これから儲かる商売の盲点とは

アメリカ人の間で日本の旅館がブームを呼んでいると書いたが、アメリカ人の間に、古い日本に対するあこがれがあるのは確かだ。古い日本というのは、人間性が豊かで、人間性回復を求める都会人、ビジネスマンには、安らぎを与えてくれる。

レジャー施設をつくるときに、バス、トイレ、ベッドルームは洋風でもかまわないが、ほかのものは徹底して古い日本のものを使うのもおもしろい。

たとえば、天然素材のスダレを窓にかけるだけで、心の安らぎがちがってくるものである。そういったスダレといった古い日本の生活用品を復活させることで人間性回復をめざすのも、一つの方法である。

アメリカの一つの州にいるつもりでビジネスをすることをすすめたが、アメリカ化の中で古い日本のよさをだしていけば、かならず受けると私は思う。

日本マクドナルドでは、夏期だけシェイクの特別フレーバーをだすことにしていて、最近では、お客さんのほうが今年はどんなフレーバーがでてくるかと心待ちにしているほどである。

1984(昭和59)年はバナナのフレーバーが当たった。

そこで、85(昭和60)年は、日本風味というので、スイカと青リンゴのフレーバーをだしたが、とくにスイカは大当たりだった。スイカも盲点だったし、青リンゴもやってみるまで気がつかなかったが、青リンゴのほうもけっこう好評だった。

これなども、シェイクという洋風のものに日本風の味を配したために成功したのである。

ラジオも捨てたものじゃない

盲点といえば、テレビ万能主義の時代だからマクドナルドの広告は、テレビのほうがいいと思っていたら、ラジオも意外に効果があることが判明した。

博報堂が、600万~700万円かけて、ドライブスルーにきた客に、ラジオとテレビのどちらの宣伝で知って店にきたかを調査したのだ。

テレビを見てきたお客さんと、ラジオをきいてきたお客さんは、両方にまたがっている人もいるが、そうではなくテレビだけ、ラジオだけでは、お客さんの数に大差がないというのが、その結果だった。しかも、かけている宣伝費は10対1でテレビのほうが圧倒的に高い。

宣伝費が安いラジオでも、テレビと同じぐらいお客さんを動員できるのであれば、ラジオも広告媒体として捨てたものではないと思う。とくに今後、高速道路網が発達すれば、車に乗ってラジオをきく人も増加することが見込まれる。そうなるとラジオの広告媒体としての需要はこれまで以上に高くなるものと思われる。

テレビ、ラジオにくらべると、活字媒体は値段が高い。

関東地方のテレビ台数は約８００万台。１台のテレビを見ている人の数が５人とすると、８００万台のテレビの視聴率が１００パーセントのときには、４０００万人がテレビを見ていることになる。視聴率10パーセントの番組を買うと、４００万人の人が見ている計算になる。

４００万人の人にマクドナルドのメッセージを伝えるために活字媒体を使うとなると、関東地方で発行部数４００万部の新聞、雑誌をさがさなければならない。雑誌はせいぜい関東地方で、30〜40万部だから、そういった雑誌に広告を掲載するのは不可能である。

活字媒体の宣伝は残りはするが、４００万人に一度でマクドナルドのメッセージを伝えるとなると、テレビにくらべると圧倒的に高くつく。テレビは瞬時に消えはするが、１回の費用が、50万円、１００万円なら、視聴者一人についてかかる費用をはじきだすと非常に安い。

活字媒体もある特定の層だけにメッセージを伝えたいというのであれば安い場所もあるが、マクドナルドのように赤ん坊から老人まで、すべての層に訴えたいときには、テレビがもっとも安いといえる。

マクドナルド以外でも、風邪薬などのように全年齢層が対象なら、テレビがいちばん安い。テレビのＣＦはゴールデンアワーにこだわらない。あくまでもこだわるのは視聴率である。視聴率のいちばん大きいところを狙う。

GRP——グロス・レイテッド・ポイントというのがあって、GRP数字で250とか300とかで、メッセージが何人に到達したかがわかるが、それを重視する。

午後2時のよろめきドラマの視聴率10パーセントと夜の10時の10パーセントでは、見ている人の質はちがうが、メッセージが到達する相手の数は同じである。その安いところで宣伝をする。

GRP数字があり、高速道路の総延長がはっきり数字ではじきだされている時代に、ビジネスだけ、カンに頼っていたのでは仕方がない。カンで儲かるのはギャンブルの世界だ。ビジネスは今や科学なのである。重回帰法で、売り上げの98パーセントを予測するような科学的なビジネスをしなければならないのだ。

とくにこれだけ社会が複雑になると、カンだけでビジネスをするのは不可能である。**原始時代同様のカンだけに頼るビジネスでは成功はとてもおぼつかない。**

ビジネスはコンピューターを活用し、科学的に数字をはじきだし、それをにらみながらおこなってこそ、21世紀を迎え撃つことができるのだ。

第5章

限界をぶち破るはみ出し思考術

ハンバーガーのつぎはミュージカルだ

私は、1986（昭和61）年の8月、ニューヨークのブロードウェイで5年間、連続好評上演中のミュージカル『42ND STREET』を日本にもってきた。総制作費20億円。しかし、20億円かけてもいいと私は考えたのだ。日本マクドナルドは年間1000億円も売り上げをあげている。この『42ND STREET』に必要な10億円は、お客様への還元だと思っている。

なぜ、私がこの『42ND STREET』に情熱を燃やしたかというと、アメリカの食文化を日本に導入した人間として、いいアメリカ、ダイナミックなアメリカを表現したミュージカルでアメリカ文化を日本に紹介したかったからである。

『42ND STREET』というミュージカルは、無名の女の子がミュージカルのメッカニューヨークの42番街で努力をして、一躍スターになるという物語である。アメリカは無名の女の子も努力しだいでは一夜で有名なスターになれるという夢のある国である。

つまり、このミュージカルには、明るいアメリカ、よき時代のアメリカ、夢のあるアメリカがぎっしりと詰まっている。それを日本へもってきて、日本人に見せ、日本人がアメリカを理解してくれたなら、日米貿易摩擦の解決の一助になるはずだと私は信じたのだ。

『42ND STREET』のプロデューサーのデイビッド・メリックはグレート・メリックの異名をとるミュージカルの神様で、これまで84のミュージカルを手がけている。

主なものだけでも『ファニー』（54年）、『オリバー！』（63年）、『ハロー・ドーリー！』（64年）、『プロミセス、プロミセス』（68年）、『シュガー』（72年）などがある。

そのグレート・メリックが直接手がけたミュージカルが日本に上陸したのは、はじめてのことであった。

なにしろ、この公演の権利をもっている人物が12人もいるのだから、一人ひとりを説得し、契約にこぎつけるのはひと苦労だった。それに、キャスト150人。冒頭から50人のタップダンサーが踊るのだから、少々大きな劇場でも上演は不可能である。上演する場所が、従来は日本にはなかった。

さいわい、NHKが『42ND STREET』はアメリカの文化であることを理解し、NHKホールを1か月貸してくれたので、上演が日の目を見たのである。

主催は日本マクドナルドとNHKサービスセンター、『42ND STREET』日本公演実行委員会。後援は外務省ほかである。チケットは最高2万5000円、最低5000円で10万枚売りだし、完売を見込んでいた。全部売れても赤字だが、それでもいいと思った。『42ND STREET』は本来ならニューヨークにいかなければ見られないミュージカルである。実際、ニューヨークでこのミュージカルを見てきた日本人も多いはずである。これぞアメリカだというぐらい迫力のある、大がかりなミュージカルを、一人でも多くの日本人に見てもらいたい、アメリカに対する理解を深めてもらいたいと思ったのだ。

蛇足だが、メリック夫人は大の日本贔屓《びいき》で、何度も来日し、『42ND STREET』を日本にもっていきたいと強力にバックアップしてくれた。そんなアメリカ人の女性もいるのである。メリック夫人のためにも『42ND STREET』の日本公演は是が非でも成功させたいと思った。

BACK TO THE BASICS＝おごることなく原点に返れ

ところで、私は以前に、新しく完成したマクドナルドのコマーシャル・フィルムを見て、放映禁止を申し渡したことがある。

このCFでは、登場人物が銀座4丁目のような車の往来のはげしいところで、ハンバーガーを立って食べているのだ。しかも、その人物たるや、男か女かわからない恰好をしている。

芸術作品かもしれないが、**CFとしてはこの2点で落第点しかつけられないものになっていた。**まず、立ち食いだが、マクドナルドはかつての立ち食いから、客席のある店づくりに変わってきている。ゆっくりした食事を提供することをモットーにしてきている。そういったときに**立ち食いのイメージを強調するCFは大きな間違いを犯しているといわなければならない。**

それから、登場人物がユニ・セックスでは困る。マクドナルドは、男は男、女は女、お母さんはお母さん、子供は子供とはっきりしてないといけない。お父さんとお母さんと子供たち、みんなでくるのがマクドナルドのレストランである。ユニ・セックスみたいなのにうろうろされては困るのである。

こうした失敗作をつくるということは、仕事に対する考え方が徹底していないからである。現実認識が甘いのだ。人間は会社が少しうまくいくようになると、つい遊んでしまい、仕事を忘れてとんでもない方向に突っ走ってしまう。それで、失敗をする。常に原点に返ることが重要なのである。〝BACK TO THE BASICS〟の精神を失ってはならない。

今のマクドナルドはこうだ、マクドナルドとはなんであるかを、CFをつくるプロデューサーに説明しなければならない。そこを手抜きするから、何千万円というカネをかけて見事な失敗作をつくってしまう。

何千万円かけてつくったものでも、そんなものを放映すれば会社のイメージが損なわれてしまう。CFの制作費は何千万円だが、テレビの放映料は何十億円である。CFを1本ボツにしても、悪いものを何十億円かけて放映するほうが実害《じつがい》が大きい。

これがサラリーマン社長であれば、これまでにCFの制作にかけたカネのことを考えて、失敗作でも、まあいいと考えてオン・エアしてしまう。

しかし、私はオーナー社長だから、失敗作にかかったカネはドブに捨てたつもりで、別のものにつくりかえるように指示した。

ワンマン社長、オーナー社長には、サラリーマン社長にない、そういったいい点もあるのだ。

人が24時間集まるいい儲け場所

日本マクドナルドが500号店を東名高速道路の始発点の用賀インターにつくったこと

は前に書いた。

用賀のインター周辺には、いろいろな人間が集まってくる。ヒッチハイクの外国人が、ひとりや夫婦で「名古屋まで」とか、「大阪まで」と書いた紙をもって立っているかと思えば、朝などは御殿場あたりのゴルフ場にでかけるゴルファーが仲間と待ち合わせている。

しかし、従来は、待ち合わせにしても、目印がなかった。これからは、タクシーで東名高速入口のマクドナルドへ集まって、そこで仲間の車に乗りかえるという目印ができた。マクドナルドはドライブスルーだから、急ぐ人は買うだけ買って車の中で食べればいい。時間があれば車を降りて食べればいい。

私は、500号店をここに開店する前から、待ち合わせの場所に絶好だから、絶対に繁盛するとにらんでいた。いってみれば駅前レストランのようなものである。

しかも、列車は1時間に数本だが、高速道路は24時間随時である。24時間、人が集まってくる。

私のにらんだとおり、この500号店は非常に賑わった。これまでは高速道路の始発点にレストランはなかった。500号店は始発点のレストランが儲かることを立証した第1号店でもあるのだ。

「9点法」が教える現実打破のうまいやり方

宮崎に仕事でいったときのことである。マクドナルドの店舗開発部員が、ロケーションのいいところがあるという。私はその場所はダメだから、もっとほかのいい場所をさがせといった。

その男は不服そうな顔をしていた。

私は彼に、宮崎にきて西都原《さいとばる》を見たかとたずねた。

西都原には311基の古墳がある。こんなに多くの古墳群があるのは珍しいので、明治11(1878)年に学者が掘りはじめたことがある。

ところが、政府からただちに中止の命令がだされ、以来、大規模な発掘はおこなわれないままになっている。政府はその古墳群の中に天皇家の先祖の墳墓があるかもしれないことを恐れたのだ。

現地の人は、ここにある巨大な古墳をニニギノミコトとコノハナサクヤヒメの墳墓といっているが、ひょっとして、ここは耶馬台国かもしれないのだ

店舗開発部の男は、見ていませんと首を振った。

それでは、青島へはいってみたかと私はたずねた。宮崎の郊外にある青島は、日本じゅうでここだけに、ヤシとか熱帯植物が自生していることで知られている小さな島である。

彼はそこも見ていないという。

西都原も見ず、青島も見ずに、宮崎の店舗の場所を決めようというのが無茶である。そういったところを見て、**観光客や人の流れを読んでからでないと、宮崎の店舗の問題は解決しないのである。**

「ナイン・ポインツ（9点法）」という有名な問題がある。

縦、横、斜めに等間隔に3つずつ並んだ9つのポイントがある（図版A参照）。

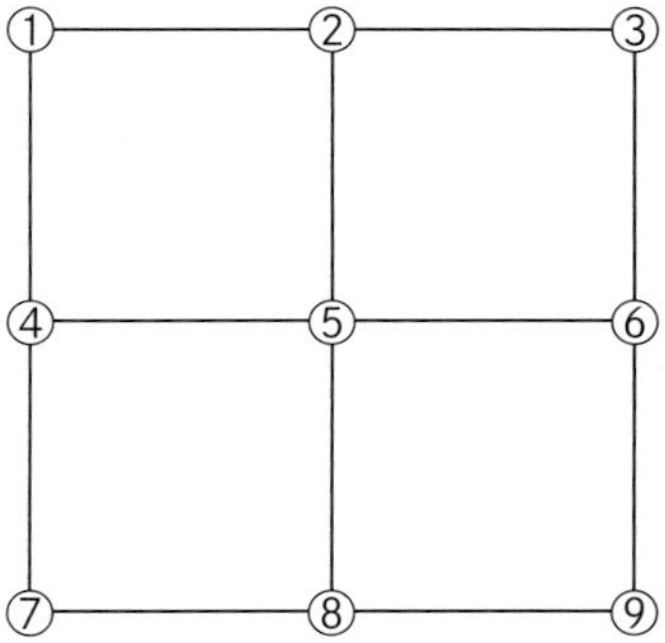

図版A

「この9つのポイントを連続する4つの直線で全部をつなげ」というのが問題である。

10秒でできたら天才で、2分かかったら秀才、10分かかってもできなかったら普通の人、1時間かけてできない人は鈍才といわれている問題である。

しばらく考えて、解いてみてほしい。

まあ、2分でできない人が大多数だろう。

この問題を解く鍵は、ナイン・ポインツだけにこだわ

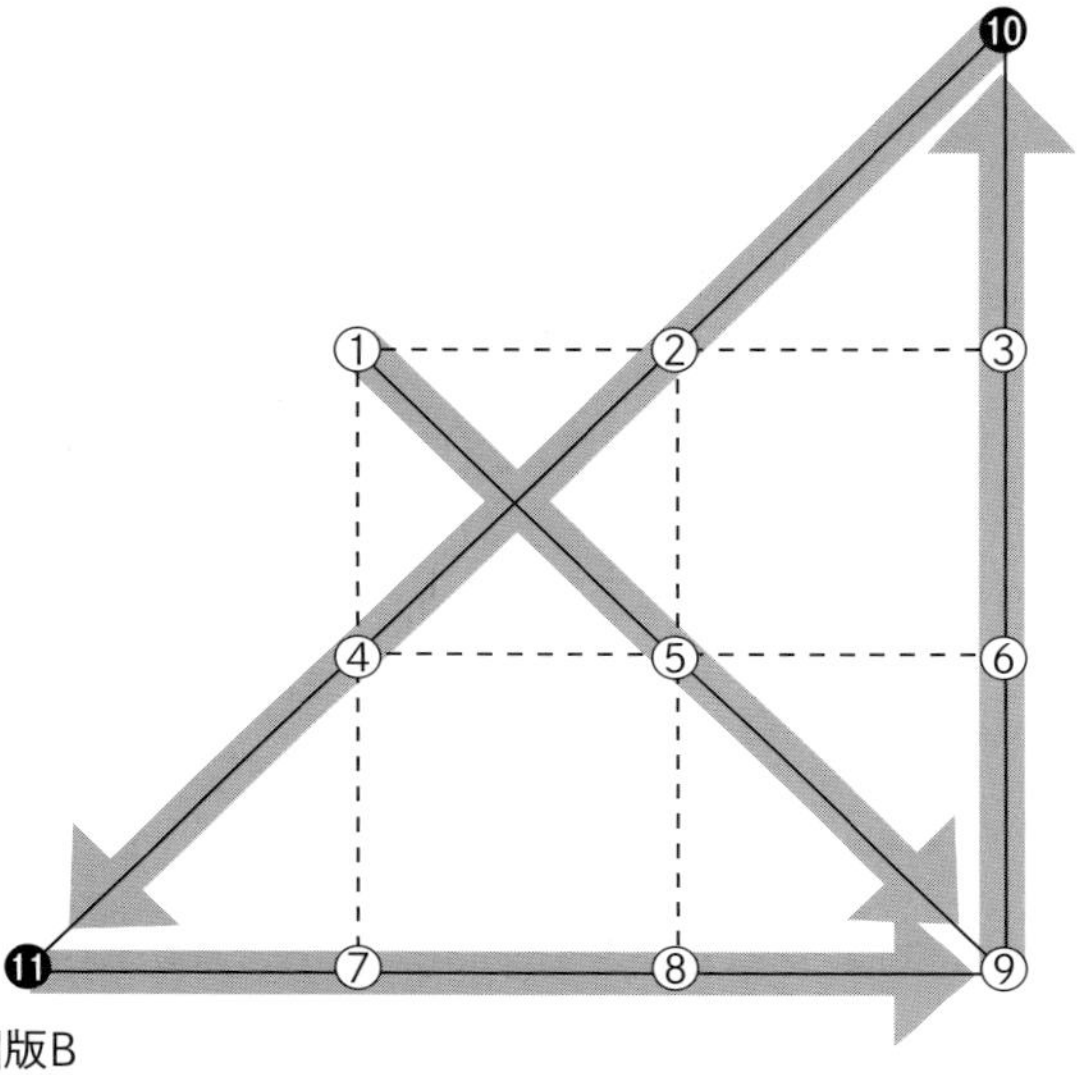

図版B

らないことにある。

図の③の上に架空の❿、⑦の左横に⓫の2つのポイントを書き加えれば、問題は簡単に解くことができる。

つまり、①⑤⑨を1本の線で結び、⑨⑥③❿を1本の線で結び、❿②④⓫を別の線で結び、⓫⑦⑧⑨を4本目の線で結べば難なく問題は解ける（図版B参照）。

常識では9つの点は5直線でしかまわれない。しかし、少し離れて2つの点つまり❿と⓫を設定してみると4直線でまわれる。この点を思いつくことが人生で必要なことなのだ。

9つの点はいわば与えられた現実である。そして新たに加えた2つの点は仮説である。

この仮説を立ててはじめて現実の問題が解決できるのだ。

たとえば私が事業を考える場合、日本は西欧化の方向にいっている、そして時間不足時代だという2つの仮説を立ててみる。

そうすれば金儲けの方向が見えてくる。**世の中は常に新しく変わっていくから、常に仮説を立てて実証していかなければ走れないのだ。**

この「9点法」は行き詰まったときの打開策でもある。もうダメだ、解決の方向がない、助けてくれる人もカネもない。そんなとき、考えを少し広げてみたらどうだろうか？

上から見る、あるいは離れて見る、すると解決策がみつかるのではないか。

このように、どんな問題でも、考えをもう少し広げ、それだけにこだわらず、そこからはみだして考えてみることが大切なのだ。

日本人はとかく日本という国の中でしか考えようとしない。だから、日米貿易摩擦にしても、なかなか解決しないのだ。

日本の中で、日本語だけで考えるのではなく、アメリカとか中国とかオーストラリアの人間だったらどう考えるかという立場になって仮説を立てて考えてみるべきである。

人生の諸問題も金儲けについても、また、しかりである。

第6章

金儲けの大変化を読めない頭に未来はない

アメリカのTVに出演してアメリカ人を食った日本人

前に『42ND STREET』という本場アメリカのミュージカルをマクドナルド主催で上演したことは書いたが、そのため、1985(昭和60)年9月30日の午後1時から記者会見をおこなって発表した。

私はすぐその日の夜のパン・アメリカンでニューヨークにいき、同じ日の夕方の5時に200人ほどの内外記者団を集めて、同じことを発表した。

その直後に、10月2日の午前8時からのNBCというテレビ局のモーニングショーが出演してほしいといってきた。NBCというのは、日本のNHKのようなアメリカ最大のテレビ局である。そのモーニングショーは全国に中継されていて、約3000万人の人が見ているという人気番組である。

ノーリハーサル、ノープレパレーション、つまり、ぶっつけ本番の番組である。その番組でブライアン・ガンベルという人気インタビュアーのインタビューを受けた。

ところが、番組が終了すると、ディレクターが走ってやってきて、13年間、この番組のディレクターをやっているけど、こんなおもしろいショーははじめて見たという。

なにがおもしろかったかというと、第一に、日本の実業家がこの番組に出演したのははじめてで、しかも英語でユーモアをしゃべった。その英語のユーモアがおもしろかったので、今夜11時半からの『レターマン・ショー』にもでてほしいというのである。

今夜の出演者は半年前から決まっているが、その人をおろすからでてくれという。モーニングショーには、それまで何人か日本人は出演したが、通訳を通してイエスかノーかをいうだけで、おもしろくもなんともなかった。しかし、あんたは英語でしゃべれるし、話もおもしろいという。

『レターマン・ショー』の司会者のレターマンは大変な皮肉屋で、出演者がやっつけられるのが人気を呼んでいる番組だという。その番組にも出演して、レターマンとやり合った。

見ていた人にあとできいたら、完全にレターマンを食ってしまっていたという。

その『レターマン・ショー』に出演して、ホテルに帰ったら、居合わせた人たちが、つぎつぎに握手を求めてきた。おもしろかったと大騒ぎをしていたのだ。

そのあと、ＡＢＣ、ＣＢＳ、ＰＢＳと合計三つのテレビ局から声がかかった。しかし、フロリダやアトランタではずせない仕事があったので、出演は辞退した。

どこがアメリカ人に受けたかというと、司会者が「マクダーナルズを日本ではなんというのか」とたずねるから「日本ではマクドナルドといいます」と答えた。「マクドナルド」というのは完全な日本読みで、アメリカでは同じつづりで「マクダーナルズ」と発音する。

レターマンはそこを皮肉って突いてきたのだ。つぎに、「ビッグ・マックはなんというか」ときいてくる。「ビッグ・マックはビッグ・マックだ」と答えると「それはおもしろい」という。日本人はビッグ・マックのことは「ビッグ・ハンバーガー」と発音するのだろうとアメリカ人たちは勝手に思い込んでいたのだ。それを「ビッグマック」はアメリカ人と同じ「ビッグマック」と発音すると答えたので、アメリカ人は、同じ発音だと驚いたり、おもしろがったりしたのだ。日本人は英語はすべて日本語読みにすると思っていたのだ。

その番組を見て、アメリカ最大のタレント供給会社『ウィリアム・モーリス』から3人の副社長がホテルに訪ねてきた。書類をだしてサインをしてくれという。

だされた書類を見ると、出演料の25パーセントはウィリアム・モーリスが取ると書いてある。アメリカではどんなタレントからも25パーセントを会社が取るシステムになっているという。

そのかわり売り込むと真剣な顔でいう。

あなたなら絶対に売り込める、テレビタレントとして人気がでるキャラクターだ、だから、すぐにサインをしてくれと迫る。

日本に関する経済分析とか、日本に関する話とか、アメリカ人に対する日本人の考え方などをテレビでしゃべってくれないか。あなたのように、ユーモアを交じえてやってくれれば、絶対にイケる。そういう。

アメリカ人にきいてみたら、ウィリアム・モーリスがそういってきたのなら、よほど売れるとにらんだのだろうという。

もちろん、私はアメリカでタレントになって売る気はないから、断って帰ってきた。「シッティング・ブッダ」とか「サイレント・モンキー」のイメージが強かった日本人観をブチ破っただけ、日本のお役に立てたと私は思っている。日本のビジネスマンはまじめだという印象は与えていたが、おもしろい奴だ、一緒に肩を組んでやっていけるという印象は与えていなかった。

経済摩擦の解消には、相互の理解を深めることが大切である。その相互理解を一歩進めたのは確かである。

「今度、日本へいきたい」というアメリカ人は多い。

「日本のどこへいきたいか」ときくと、

「日本の香港やソウルへいってみたい」

そういう。

アメリカ人の意識の中の日本はそんなものなのである。これでは困るのである。

金になる語学を身につけろ

これからの社会で、おカネを儲けようとすれば、自分の国の言葉のほかに、最低2カ国の外国語をマスターすべきである。日本語と英語だけでは弱い。もう一つ、スペイン語かロシア語かフランス語をマスターしてほしい。

英語のつぎにもっとも実用的な価値があるのはスペイン語である。

ビジネスのために必要な外国語の順番は、英語、スペイン語、フランス語、ロシア語、中国語である。できれば全部マスターしてほしいが、そうもいかないだろうから、せめて英語のほかに、もう1カ国語、外国語が操れる人間になってほしい。そうすれば、日本人のことを悪くいう外国人はいなくなるはずである。

たとえば、日本人がやっていることを、外国人は〝TREAD MILL〟といっている。「トレッド・ミル」、つまり〝ムダ走り〟という意味である。

病気になって長い間ベッドで生活をした人が社会復帰するときに、歩行訓練をおこなう機械がある。ベルトの上を歩くとベルトだけが後方に移動して、その上を歩いている人間は前進しない、そういう機械があり、これを「トレッド・ミル」という。つまり、日本人はこの「ムダ走り」をやっている。まったく前進しない。そういうのである。

日米経済摩擦にしても、解消すると口ではいうが、トレッド・ミルだという。

また、フランス語で、〝déjà vu〟という言葉がある。「昔こんなことがあった」というのを「デジャ・ヴュ」という。

日本人の交渉は、その「デジャ・ヴュ」だというのである。前にもそんなことをいっていたが、そのときから一歩も前進していないというのである。

「トレッド・ミル」とか「デジャ・ヴュ」といわれないようにしなければ、日本人は国際社会の前進から取り残されかねない。

アメリカには〝B・F・D〟という言葉がある。〝BIG FUCKING DEAL〟の略で〝大変つまらない話〟という意味である。〝デタラメ〟という意味もある。

だから、アメリカ人との会話で、つまらない話のときに、それB・F・Dですかというと大笑いになる。お前のやっていることは、B・F・Dだといっても大笑いになる。言葉も進歩しているし、流行語だってある。ビジネスで成功するには、そういった流行語にも敏感になることが必要である。

文化の低いところから高いところへ売っても儲からない

儲かるか儲からないかは簡単なことである。文化の高いところから低いところへ物を売れば、文化の落差で自然に儲かるものなのである。

逆に、文化の低いところから高いところに物を売っても儲からない。

日本という国の置かれている位置は、日本の国民が考えているほど高くはない。発展途上国ではないが、日本人が思っているほど先進国でもない。いわば、中先進国なのである。

上から3分の1か4分の1あたりのところである。かりに上から4分の1としても、下に4分の3の国がある。そこを相手に輸出をすれば儲かるはずである。

しかし、もっとも儲かるのは、文化の高いところからの輸入であることは論を俟《ま》たない。文化の高いところから輸入をする、あるいは文化の低いところへ輸出をするというのは、追い風を利用した追い風商法である。この逆は向かい風商法である。追い風商法のほうが向かい風商法より、苦労せずに儲かるものなのである。

最近の円高の傾向を見ても、この傾向は、少なくとも数十年は変わりそうもない。日米貿易摩擦は前からいっているが、文化の摩擦である。

２０００年も温室で育ってきた日本人と、２００年の歴史しかないアメリカが、文化で衝突するのは当たり前の話である。その摩擦を解消するには、日本はアメリカに寄っていかなければならないし、アメリカも日本を理解しなければならない。そうやって、双方がお互いに理解をしなければ、解決は困難である。

私は日本人にアメリカを理解させるために『42ＮＤ ＳＴＲＥＥＴ』を日本で上演することにしたのだ。

ニューヨークでの記者会見では、アメリカの文化を日本に紹介してもらうというのは、日本の外務省としても大歓迎だと宇川ニューヨーク総領事（当時）にいわれたし、ご成功を祈るというニューヨーク市長からのメッセージもいただいた。

『42ＮＤ ＳＴＲＥＥＴ』の日本公演がもたらす結果に、日米両国は大きな期待をもっていたのである。

アメリカで物を売るための発想

アメリカに進出しようとする日本の企業なり日本の経営者は、アメリカの大リーグの球団を買って宣伝すべきである。トヨタ、日産はすでにアメリカで売られているから、そうではない2番手、3番手の企業で、これからアメリカで物を売りたいという会社は、大リーグの球団をもつべきである。

1球団を買収するのに、約2000万ドルないし2500万ドルかかるから、40億円から50億円の投資である。

大リーグの球団を買えば、アメリカ人の中に溶け込むことができる。そうやって商売をすれば、日本に対する反感はなくなるはずである。

大リーグの球団を買って日本の名前をつけて、アメリカ人の大好きな野球を通じて宣伝をする。『カミカゼ・ハンバーガーズ』なんて楽しいと思う。

そうやって、アメリカ人の生活の中に溶け込んだビジネスをおこなうという発想は、これまでの日本人にはなかった。ただ、買え、買え、できたから反感を買ったのである。

アメリカの文化に溶け込み、アメリカの社会に溶け込む手段として、アメリカの大リーグの球団を買ってはどうか。

アメリカに工場をつくってアメリカで製品をつくって売るのは、初歩の初歩の段階である。従来のような考え方では、一挙に巨大なセールスをやることなど不可能だ。新しいマーケティングの手法を考えなければこれからはやっていけない。

ビジネスの定石がひっくりかえる時代がくる

カード時代といわれているが、今のカード時代は単なるクレジットカード時代にすぎない。キャッシュのかわりにサインですませるだけのカード時代である。

つぎにくるカード時代は、1枚のカードの内に、血液型から既往症、嫌いなもの、好きなもの、学歴、職歴、預金残高、取引銀行、不動産の有無などの個人の情報が全部入っていて、それ1枚あれば世界じゅうどこにでもいけて、どこで病気になっても手当てを受けられる時代だ。もちろん、マクドナルドのハンバーガーを買うときも、電車に乗るときも、そのカードでことがたりる。そういった時代がくる。

カードで決済をすることで、それまでは何人かがかりでお金の勘定をしていたのが、コンピューターまかせにできるし、それによって、ビジネスの巨大化ができる。人件費も節約できる。

そういったカード時代になると、最終的に人間がしなくてはならないのは、スマイルだけになる。スマイルはロボットにはできないし、犬や猫にもできない。スマイルができるのは人間だけである。最終のサービスであるスマイルだけは人間がする。

ハンバーガーも現在は鉄板で焼いているが、これだって、そういったカード時代がくる頃にはボタンを押すだけでできるようになっているはずである。

そのハンバーガーをお客様に渡すときのスマイル。これを人間がやる。サービスのアキレス腱は、ストックができないという点である。サービスは在庫ができない。商品はつくっておけばいい。しかし、サービスはその場でしか使えない。そのサービスの最後はスマイルである。

しかも、そのスマイルはゼロ円、つまり、タダなのだ。タダであるからこそ値打ちがある。そういう時代が、近い将来には出現する。

万能パーソナルカードは、キャッシュカードやクレジットカード、健康カードのほかに、個人的なことも記憶させられるようになっていて、たとえば何月何日にだれそれと会う、そのときの用事はなんだということをインプットしておけば、その日になったら教えてくれる。家族や大切な人の誕生日も覚えさせておけば、その日には花を贈りそこねることもない。

サラリーマンは、今、メモや手帳が必要不可欠だが、そんなものはいらなくなる。カードが手帳がわりになる。

手帳がいらない時代というのは、紙も鉛筆もいらない。かつて、下駄と草履がいらなく

今や世界は私の予想通りになったな…
ネット
スマホ
SNSで
これからは
AIの時代!
LINE
私たち仕事なくなっちゃうの?
コワイヨ～…
いやちがう!
さあ笑って!
エヘヘ…
スマイルはゼロ円
つまりタダ
AIにはできない
これが金儲けのチャンス!!

なって靴の時代がきたように、紙と鉛筆がいらなくなってカードの時代がくる。そのときにどうするかを、今から考えておくべきである。

会議だって東京と大阪でいながらにしておこなうことができるようになる。そうなると、会議のために毎週、東京と大阪を往復するということもなくなるし、単身赴任などということもなくなってしまう。現在では、家庭をもつビジネスマンの3人に1人は単身赴任をしている。こんな人間が行き来する時間や費用のムダもなくなってくる。

第7章

破滅のピンチをチャンスに変える法

なにもしなければ取り残されて当たり前

最近、日本酒造協会で講演をした。日本酒の業界はこのところ焼酎にやられて旗色が悪い。毎年、売り上げが落ちてきている。しかし、やり方しだいでは日本酒の売り上げを伸ばす方法がある。そういった内容の話をした。

具体的にいうと、こうである。

成田空港に降りて、真っ先に目に入るもっとも大きな広告は、NECのものである。そこに『WELCOME TO JAPAN.アルコールはSAKEです』という広告をだす。アルコールには、ウイスキーもコニャックもワインもある。しかし、ここは日本です。日本のアルコールは酒、つまり、日本酒です。そういう広告をだす。そうすれば、日本を訪れた何百人という外国人は、かならず日本酒を飲む。

2000年の昔の神代の時代から、御神酒《おみき》をめしあがらない神様はいないほど、日本人は酒好きだった。2000年間、日本人は酒を飲みつづけてきた。ということは、逆にいえば日本人には日本酒のPRがゆき届いている。日本酒の業界は、2000年のPRの上にあぐらをかきつづけてきた。だから、成田の目立つところに広告をだそうということは考えてもみない。

これでは負けるのが当たり前である。

パッケージにしても、日本酒といえば一升ビンである。

焼酎にやられた原因の一つは、焼酎のほうが容器がすばらしい物が多いからである。陶製の容器などで、立派なものをつくっている。

日本酒は一升ビンだ、酒は別格だと思っているから間違っている。酒だってアルコールの一種だと思えばいい。焼酎もアルコールだし、レミーマルタンもアルコールである。同じアルコールだと思えば、立派な容器に入った焼酎やレミーマルタンが売れて、日本酒が売れない理由は一目瞭然である。

また、日本酒は何度の温度で飲めばいちばんうまいかをパッケージに表示していない。メーカーに問い合わせても、メーカーによって、いちばんうまいという温度がちがう。それなら、燗《かん》をしてその酒のもっともうまい温度になったらパッケージの色が変わるような方法を考えればいい。

熱燗でうまい酒は、45度になったらパッケージが赤くなるとか、ヌル燗の36度がうまい酒なら、36度で色が変わるとか、そういった工夫をこらすべきである。そうすれば、お燗をするにしても、時間の節約になる。新しいビンの開発もしない、パッケージのデザインも考えない、飲み方も考えない。これでは取り残されるのは当たり前である。

ピンチのとき、なにもしなかったら、破滅するだけである。日本酒が生き残るには、西欧化と時間の節約というふたつの方向に向かうしかない。

そういった話をしたら、よその業界からも講演の依頼が殺到してきた。商売がうまくいかなくなったとき、仕事の成績があがらなくなったときには、やっていることが西欧化の方向に向かっているか、時間を節約する方向に向かっているかをもう一度、考えてみるべきである。

ピンチのたびに反発心をかきたてる私のやり方

私は小学校6年生を2回やっている。義務教育の日本では、小学校では落第はまずない。それなのに、私は6年生を2回やった。理由は中学受験に失敗したからである。

中学の入試のとき、私は立派に答案を書いて、合格したと思っていた。ところが、発表を見ると、合格になっていない。ショックだった。自分はもうダメだと思った。それでも気を取り直して、もう1回、6年生をやりたいと学校に申しでた。しかし、学校では落第は許してくれない。

しかたなく、小学校を転校して、6年生を2回やった。

20年ほど前に、なぜ、中学受験に失敗したか、その理由がわかった。当時の小学校の担任のS先生が死ぬ直前の病床で、告白したのである。

私の母はクリスチャンである。当然、S先生にはつけ届けをしなかった。そんなことなんかせずに、実力でいけという主義だった。ところが、S先生はつけ届けに弱い先生だった。

S先生は内申書を書くときに、藤田は成績がいいから実力で通るだろうと判断して、内申書をあまりよく書かず、つけ届けのあった、あまりできのよくない子のことをよく書いたのだ。

それがたたって私は入試に落ち、内申書をよく書いてもらった子がパスしたのだ。つけ届けで内申書をよく書いてもらって中学に入った男は、平凡な人生をたどってしまった。そういったわけで、2度、6年生をやったが、通学電車で6年生のときに一緒だった仲間と出会うのは本当につらかった。向こうは中学校の帽子をかぶっているが、こちら

は小学校の帽子である。かつての仲間は、相変わらず小学校の帽子をかぶっている私をバカにする。

そういったときに、私は、こんちくしょう、という反発心をかきたてて、このピンチを乗りきったのだ。これが昭和14年のことである。

昭和19（1944）年に、私は、2度目のピンチに見舞われた。

その年に、私は松江高等学校に入学したが、10月には体調をくずし、京都大学で診断を受けたところ、肺結核で右肺に鶏卵大の空洞が2つあるのが発見された。クラスメートに肺結核の男がいて、彼と一緒に生活したために結核がうつったらしい。

入学時の健康診断ではなにもいわれなかったのだから、わずか6か月間で病気が急激に進んだのだ。

診断をした京都大学結核研究所の岩井教授は、今ここで棺桶屋に電話をして棺桶の予約をするか、ただちに入院して人工気胸《ききょう》をやるかのどっちかだという。このままでは、あと2か月の命だともいう。

私は、入院して人工気胸をやったら治るのかとたずねた。岩井教授は、それはわからないが、入院したら治すように全力をあげるという。私はやむを得ずに、即時入院を選んだ。

入院をしたら、今度は、肛門のまわりに穴があく痔瘻《じろう》にやられた。これは悪質の痔で、放っておくと肛門が全部腐って最後には死んでしまうという。即、手術ということになった。痔の手術は、したことがある人はわかるだろうが、じつに痛い。

ところが手術をして1か月ほどたつと、また、腐ってきた。それで、再手術。都合、5回、痔瘻の手術を受けた。

痔の手術は、痛いうえに恰好も悪い。尻の穴を人に見せるというのは死ぬほど恥ずかしい。しかも若いから、看護婦を見て体に変化が起きないように、シンボルに絆創膏《ばんそうこう》を巻いて足に固定してしまう。まさに、踏んだり蹴ったりである。

痔瘻はどうにか治ったが、結核は、2~3年は安静にしていないといけないという。松江高等学校は、2年連続落第は放校だという。

人工気胸というのは、空気を入れて、肺が動かないようにしておいて、そこへ栄養を送り込んで結核を退治するという治療法である。現在は抗生物質の出現で、人工気胸はやらなくなったが、当時は唯一の治療法だった。

私は、死んでもいいと思って、学校へでた。医師とは喧嘩別れである。そして松江の日赤に週に一度通って、空気を詰めかえてもらっていた。この人工気胸が私には効いた。現在、会社の健康診断を受けても、痕跡がないほど回復している。

当時は学徒動員で松江高校の生徒は安来の日立製作所に駆りだされていた。そこへ、リュックサックをかついでていった。

監督の藤野という先生が私を見て、いやに痩せているがどうしたとたずねた。

事情を話して、2年連続して落第し、せっかく入った松江高校を放りだされるのはイヤだからでてきたというと、そりゃあ無茶だ、出席扱いにしてやるから寮で寝ていろといってくれ、この2度目のピンチもなんとか切り抜けることができた。

絶体絶命だから意欲的になれる

3回目のピンチは、つい15年前のことである。

当時、私は藤田商店でPGAというゴルフのクラブを扱っていた。PGAというのはアメリカのプロフェッショナル・ゴルファーズ・アソシエーションの略で、PGAのクラブは、その協会が認定しているクラブである。

したがって、PGAのゴルフクラブは飛行機で輸入しても、羽が生えたように売れていた。

しかし、日本製のいいクラブが安く出まわるようになると、膨大な在庫をかかえて、売れば売るほど赤字という状態になった。

そういったときに、マクドナルドの話があり、私はＰＧＡのゴルフクラブを捨てて、マクドナルドに切りかえた。

藤田商店のメインバンクはＳ銀行である。私は、メインバンクもなにも、取引銀行は1行だけと1行主義をとっていた。当然、マクドナルドに切りかえるに当たって、サポートの依頼にいった。

ところが、**Ｓ銀行は、藤田さんが貿易をやっているのは応援しますけど、水商売はダメですという。**

私は、アメリカのマクドナルド本社に、1行主義をとっているのでＳ銀行以外は取り引きをしていない、メインバンクはＳ銀行だといっている。そのメインバンクが応援してくれないとなると、いかに私に信用がないかということになるから立場がなくなる。だから、全取り引き額の1割だけでいいから、Ｓ銀行でやってほしいと頼み込んだ。その1割の取り引きについては120パーセントの保証もする。そうもいった。120パーセントの保証というのは、100万円借りるのに120万円の預金をすることである。Ｓ銀行は中小企業に対しては120パーセントの保証を要求する銀行だった。

私にすればメインバンクにフラれたのでは信用問題だから、2回にわたって足を運び、取り引きを頼み込んだ。

応対した常務は、藤田さん、何度きたって返事は同じですよ、当方は水商売とは取り引きをしませんという。**私はマクドナルドはアルコールを売っているわけじゃないし、水商売ではないと思っている。しかも、藤田商店はS銀行と20年間取り引きをしてきて、ただの1回も迷惑をかけたことはない。**

それなのに、2回頼みにいって、2回とも返事はノーなのだ。私は1行主義をとっておけば、いざというときに銀行が助けてくれるときいていたのだが、S銀行の場合はそうではなかった。

私は常務にいった。

「私も男です。2回もフラれた銀行には、絶対に応援を頼みにはまいりません。そのかわり、将来、マクドナルドが成功したときに、おたくのほうが取り引きをしてくれといってきてもお断りします」

「けっこうです」

「それじゃ、さよなら」

私はS銀行を飛びだして、絶対にマクドナルドを成功させてやると心に誓った。そして、1行主義をただちにやめて、第一勧銀（現・みずほ銀行）と三和銀行（現・三菱ＵＦＪ銀行）に応援の依頼にでかけた。第一勧銀では、のちに、専務となった小穴雄康さんが当時の課長で、マクドナルドをよく研究していて、やりましょうといってくれた。

三和銀行も、佐藤達也さんという支店長が、やはりマクドナルドを研究していて、応援しましょうといってくれた。

しかも、第一勧銀も三和銀行も、やるからには当方1行だけにやらせてほしいという。なんのことはない。マクドナルドを研究していなかったのは、メインバンクのS銀行だけだったのだ。

私は、S銀行でひどい目にあっているので、2行でお願いしますと融資を折半してもらった。その後、太陽神戸（現・さくら）銀行が加わり、現在、3行がマクドナルドのメインバンクである。

ちょうど、アメリカのマクドナルドの本社と日本マクドナルド設立の話を進めている真っ最中にS銀行に融資を断られたのが、3度目の大ピンチだった。銀行の融資が受けられなければ、話はご破算になり、私は破滅するほかはなかった。

ふり返ってみると、こうした絶体絶命のピンチに陥ったとき、私は反発し、発憤し、窮地を脱してきた。もうダメだと思って、あきらめて、自分で自分の命を絶つ方法はとらなかった。それがよかったのだ。

狭い視野で見るから悲観してしまうのだ

ピンチを脱して考えてみると、自分では絶体絶命だと思っていたのが、じつはそうではなかったということに気がついた。

と同時に、事実はひとつであり、その事実をどうとらえるかが大切であるということにも気がついた。中学校に不合格になった事実もひとつだし、高校に入学した年に肺結核になったという事実もひとつだし、頼りにしていたS銀行が融資を断った事実もひとつである。

もしも、私がそれらの事実を5度ぐらいの狭い視野で見ていたら、悲観したかもしれない。しかし、私は360度、視野を広げ、あらゆる角度からながめようと努力してきた。そうすると、人生これで終わりという考えには至らない。いくらでも生きていく道が見えてくるのだ。

人間はとかくひとつの事実を正面からだけ見つめてとらえようとする。狭い視野でしか見ようとしない。上から見たり、下から見たり、裏から見ようとはしない。

正面からだけ見て、その事実は丸いとか四角とか判断している。しかし、事実は丸でも四角でもなく、三角なのかもしれないのだ。３６０度の角度から見なければ、事実は三角である、ということには気がつかないのである。

狭い角度から事実を見て、これはもう死ぬしかないと思って自殺する人は少なくない。しかし、人生は、自分で終わりにするのではなく、他人によって終わらせられるものなのである。交通事故とか病気などで、おまえは死ぬといわれて人生を終わる。それが人間であって、けっして自分からこれで人生を終わりにするという必要はないのである。

悪い事態はけっして永久につづくものではない。いつまでも夜はつづかない。**夜のつぎには朝がくるものなのだ。**

棺桶に片足突っ込んで、もう終わりだと思っても、なお挑戦する。それが人生なのだ。そういう精神で事実をとらえていけば、絶対に失敗はない。

私がその見本である。

入試に失敗したから終わりだとか、結核になったから終わりだとか、銀行に融資を断られたから終わりだといって自分で人生を終わりにはしなかった。

終わりではなく、そこが新しい人生のはじまりだと思って頑張ってきた。

終わりではなく、終わりだと思ったときがはじまりなのである。そういうふうに頭を切りかえるべきなのだ。

私は、毎月のように日本とアメリカを往復しているが、あるとき、気流が悪く、飛行機が激しく揺れ、ギイギイと不気味な音をたてた。

私は、飛行機が墜落するのではないかと思って青くなった。すると、隣の席の男が話しかけてきた。なぜ、そんなに青い顔をしているのかという。

飛行機が落ちるかもしれないからだと私は答えた。

すると、その男は、バカなことをいうな、あなたが飛行機を落とすのではなく、神様が落とすのだ、こわがる必要はないという。飛行機が揺れなくても、神様があなたを不必要だと思えば落とすし、必要だと思えば落とさないはずだ。だから、心配することはないという。

あとで、その男は牧師だとわかったが、人生というのは大きな宇宙の力で生かされているのであって、洋の東西を問わず、みずから敗北を宣言して、人生を終わりにすることはないのである。

弁解するヒマがあったら解決策を考えろ

あるアメリカの有名なジャーナリストに、マクドナルドの仕事をしてきて、いやなことがありましたかと質問されたことがある。私は、なにもないと答えた。

これが私の仕事だと私は思っている。そうすると、いやなことはなにもないのだ。マクドナルドでは5万人の人間が働いている。そうすると、いろんなトラブルがある。

トラブルが起こると、たいした問題ではなくても社員は息せききってご注進にかけつける。そんなとき私は、ご注進の前に、どうしたら解決できるか、その方法をさがしたほうがいいという。

なにかが起こったとき、日本人は、なぜ、それを解決するのが不可能かということを説明するのはうまい。しかし、どうすれば解決できるか、その方法をさがしだすのは下手である。だからいつも、なぜ解決できなかったかを弁解する。

人生というのは戦争と同じで、負けてからどんなに立派な理論づけをしても意味はないのである。そんなことをするよりは、なにもしないほうがまだマシである。負けは負け、ゼロはゼロ。ゼロはいくら足してもゼロに変わりはないというのが、私の考えである。

成功するには、積極的な姿勢を常に取りつづけることが肝心である。消極的な生き方では負けるだけである。日本酒が焼酎にやられている理由を、もう一度考えてほしい。積極的な姿勢をもたなければ、なにをやってもダメなのである。

私は人生にあった3回のピンチを、常に積極的な姿勢で乗り越えていった。

今、私のことを外食王という人がいる。人からそういわれるまでになった私の生き方の秘密は、常に積極的な攻めの姿勢にある。

第8章

売れないと嘆く前に頭は使いようだ

一流品が売れない時代に何を売るか

一流品であれば売れるという時代は終わった。このことは、裏返せば、一流品でも売れない時代になったといえる。

これまでは一流品であれば、とにもかくにも売れた。というのは、日本全体が貧しく、国民に生活の余裕がなく、三流品ばかり使っている国だったからである。

今日では、日本は世界の一流品をつくれる国になった。テレビでも小型自動車でも、日本の製品は世界じゅうどこにだしても恥ずかしくない一流品である。革製品のハンドバッグにしても、フランス製のブランド物に遜色のないものがつくられるようになった。靴も洋服も、あらゆるものが、世界の一流品にくらべて負けないものになった。

しかも、日本が豊かになって、ＯＬが一流品を簡単に買えるようになった。

一流品がなぜ売れるかというと、それをもっていればプレスティジになるからである。だれもがもっていればプレスティジにはならない。だから、一流品が売れなくなってきた。

それに、生活が複雑、多様化し、趣味が細分化されてきたために、従来のように大量に売れるブランドがなくなってきたこともあげられる。国全体が貧しくて、みんなが同じように単純な生活をしているときには大きな流行があるが、今日のように複雑、多様化すると、あるブランドだけが大流行することはあり得なくなってきた。

ブランド物にしても、ある年齢に売れるもの、ある層に売れるものと対象がきわめて狭くなってきている。

日本人は昔からブランドに弱かったが、アメリカ人は実用第一主義でブランドにはこだわらなかった。日本の製品の輸出がここまで伸びたのは、ブランドにこだわらないアメリカ人が日本製の製品のよさを認めて買ってくれたからである。アメリカ人がブランドにこだわる国民だったら、日本の製品はこれほどまでに輸出することはできなかった。

流行としての一流品が成り立たなくなると、長もちして使いやすい、お客にとって便利な実用性の高いものしか売れない。ハンドバッグを例にとれば、ルイ・ヴィトンである。ルイ・ヴィトンは塩化ビニール・コーティングだから雨に濡れても大丈夫だし、色も変わらない。どんな洋服にも合う。黒い洋服にも茶色の洋服にも合う。一流品だが、実用性も高い。

消費者は目が肥えると同時に豊かにもなった。だから、今はものを十分持っているので、ものを必要としなくなってきた。不要不急なものは買わなくなり、本当に必要なものしか買わなくなってしまったのだ。

いま必要なのは一流品ではなく一流の遊び方だ。

それでは、これからはいったい、なにが売りものになるのか。

ズバリ、簡便産業である。

現代という時代では、時間が貴重になってきている。したがって、**貴重な時間を有効に使う方法、これが売れる。**どんなものであっても、簡便なものが売れる。しかも、そこには一流も二流も三流もない。

住宅にしても、以前のような大邸宅は不必要になってきた。必要なスペースがあれば、それでいい時代になった。多忙な時代には、必要なものも変わってきているのだ。

貴重な「時間」の使い方も、生活のために使うのではなく、享楽に使う方向に向かう傾向がある。なにかを自分の身につけるのではなく、自分と家族の楽しみにお金を使うようになる。たとえば、家族で魚釣りにいくとして、釣り道具や簡便な防水コートにお金を使う。ゴルフとか登山の道具にお金を使う。一流品ではなく、一流の遊び方が必要な時代になってきたといえる。

身につけるものがステイタス・シンボルになり得ない今日のような時代には、行動、遊びが一流かどうかが問題になってくる。

一流のホテルに宿泊して、一流のゴルフ場で楽しみ、一流のレストランで食事をする。そんな一流の遊びが求められる時代である。碁や将棋にしても、一流の将棋の指し方、一流の碁の打ち方が追求されることになる。好むと好まざるとにかかわらず、そういった時代になってきたのである。

漢字からカタカナへの文化の変化をどう読むか

最近、カタカナの社名がいいとか、商品名もカタカナのものがいいということがしきりにいわれるようになった。これは日本文化の大きな変化である。

私は、日米貿易摩擦は日米文化摩擦であるとかねてから主張しつづけてきた。日本文化の基本は漢字であって、漢字は目から入ってくるものである。漢字は象形文字であって、たとえば「山」という字は山の形からつくられたものであり、「川」という字は川に水が流れる様子を描いて文字にしたものである。

そういった漢字の成り立ちからもわかるように、日本人は長い間、目で情報を伝えてきた。「夏」と書けばそれだけで暑い夏が目に浮かび「海」と書けばひろびろとした海の様子が脳裏に浮かんでくる。カタカナで「ナツ」とか「ウミ」と書いても、なんの意味も伝わってこない。

一方、欧米文化は意味のないアルファベットを並べ、耳から入ってくる言葉で情報を伝えてきた。耳に爽快であればいいという文化である。

戦後、日本にもこうした欧米文化が入ってきて、日本人も耳できいて判断ができるようになった。日本の若者の音楽好きもこの傾向に拍車をかけた。「マクドナルド・ハンバーガー」はオール・カタカナである。しかも、それで情報が伝わるようになった。漢字文化できた日本の、これは大きな変化である。

目からの文化が耳からの文化に変わってきたのである。

日本が真の先進国になるための条件とは

先日、映画監督の今村昌平先生と対談をしたが、そのときに今村先生は、最近、小津安二郎の映画に人気があるということをいっておられた。小津安二郎の描いているのは庶民の平凡な生活だが、そんな映画に人気があるのだという。それほど、現代の生活には平凡さがなくなってしまったのである。

生活が忙しくなり、豊かになってきて、人間とはなにかという基本的なものが見直されてきたといってもいい。一流の品を身につけるのもいいが、その前に、人間として一流の心をもっているかということが問われているのだ。

芭蕉の句に「古池や蛙飛び込む水の音」というのがある。静寂さをうたった句で、池に蛙が飛び込んで静寂さが破られ、再び元の静寂さにもどっていく雰囲気がこの句にはよくあらわれている。

蛙の水に飛び込む音で静寂さが破られたときは、ナイアガラの滝の音よりも迫力があると日本人は考える。しかし、アメリカ人にはそこがわからない。そういったあたりに、日米貿易摩擦の遠因がある。

今村先生との対談で、映画も映画館で見る映画をつくらなければならないという話がでた。テレビで見るような映画ではダメで、映画館に足を運んでみて、はじめて納得する映画をつくるべきである。それはなにかということを解決すれば、再び客は映画館に帰ってくる。

テーマにしても、勧善懲悪ではなく、最後に悪が勝つという映画があってもいい。善人でまじめに生活している人が殺されて、その憤懣《ふんまん》をどこにももっていきようがないという資本主義の悪い面を剥《む》きだしにした映画があってもいい。

日本人は勧善懲悪が大好きだが、そもそも勧善懲悪は仏教思想である。**私は日本は仏教資本主義だといっているが、日本には〝企業悪〟といったあやまった考え方がある。**しかし今日、日本が強力なアメリカ資本主義の傘下にあることは間違いないし、日本だけが仏教資本主義路線をとっていても仕方がないのである。

ごく最近のことである。アメリカの新聞記者が私に、日本政府は内需を喚起するといっているが、本気で内需振興をやると思うかと質問した。内需振興を彼は「インターナル・コンサンプション」といった。

私は答えた。

国内消費を政府が本気で刺激するかどうかの以前の問題で、アメリカ人が考えている国内消費削減策と日本人の考えている国内消費削減策の間には大きな差がある。アメリカと日本では内容がちがう。そこにすれちがいがすでに起きている。

たとえば、アメリカでは、自分のセカンド・ハウスを建てた場合でも、建築に要した金利はすべて税金から引いてくれる。また、タイム・ペイメントといって、月賦《ローン》でものを買った場合の利息も税金から引いてくれる。

日本の場合は、貸家をつくる場合は事業だから、その建築に要した費用の金利は引いてくれる。しかし、自分の個人の住宅を建築した場合や自動車の月賦の金利などは税金から引いてはくれない。

日本の政府は、家を建てろ、車を買え、もっと金を使ってくれという前に、そういった基本的な、家の建築の金利とか、タイム・ペイメントの金利を政府がもつという、文明社会では当然しなければならないことをやっていない。そんな国に対して、内需振興を本気でやるかとたずねるのは愚問だ。

そう答えたのである。

日本の政府は、アメリカでおこなわれている、資本主義社会を育成する原則的な配慮をまずおこなうべきなのである。内需振興をいうのは、それからのことである。

かりに今、政府がセカンド・ハウスを建てる人は税金をまけてやるというだけで内需は非常に刺激を受ける。

マンションを月賦で買った場合、金利は所得税から引きましょうといえば、マンションを買う人はもっとふえるはずである。

アメリカではとっくにやっているこうしたことを、日本ではまったくやっていない。ところが、日本ではそのことにだれも文句をいわない。

すべてのタイム・ペイメントは税金から差し引くと政府が約束するだけで、内需は非常に刺激されるのである。

日本は、いまや先進国だと胸を張っている。しかし、このように、**まだまだ資本主義を育成する体制にはなっていないのである。個人の税金も高すぎるし、企業に対する税金も高すぎる。**米を政府が買い上げて安く売る時代も去っている。資本主義体制の中で、米の問題もとらえるべきなのである。

ところが現実には、資本主義を推進するどころか、後退させるような政策がまかり通っている。そういった現状を見ると、とても先進国であるとはいいがたい。

政府は国民のプラスになる内需振興を考えろ

そのアメリカ人の新聞記者は、また、日本人の貯金好きについても質問をしてきた。日本人は、なぜ、熱心に貯金をするのかというのである。外国人は日本人のように貯金はしないという。日本人は外国人から見ると、食べるものも食べないで貯金に精をだしているように見えるという。

私は答えた。その質問はおかしい。

どんな大きな家を建てても、金利は政府が払ってくれるのであれば、日本人はなにも好きこのんで貯金なんかはしない。しかし、システムがアメリカとはちがうし、社会情勢もアメリカとはちがう。

日本には、厚生年金も企業年金もあるが、政府の年金では老後に豊かな生活はできない。老後が不安だから貯金をする。年を取ってから路頭に迷いたくないから貯金をする。60歳になったときに、それ以後、死ぬまで60歳のときの収入の8割を政府が保証してくれれば、日本人は貯金はしない。

そう答えたが、質問したアメリカ人の記者は不思議そうな顔をしていた。

将来は老人社会になるし、新しい産業として老人保護産業や老人養育産業が非常な勢いでふえてくるはずである。

内需拡大というと、東京湾横断道路とか大阪新空港などの大型土木事業と勘違いしがちで、そういった関連企業の株価が暴騰するが、これは間違っている。

そういった大型プロジェクトは間接的に国民生活にプラスにはなるが、**もっと直接的にプラスになる内需振興を考える必要がある。**

アメリカでは、サラリーマンの必要経費は領収書があれば、申告して税金を返してもらうことができるが、それを日本でもやるべきである。給与所得者は認めないという現在の日本のやり方はおかしいと思う。一律に定額を差し引いて職業別あるいは収入別に経費を認めないのは不公平である。

国民ひとりひとりに税金を返すことを真剣に考えるべきである。そうすれば、内需振興はかけ声だけでは終わらない。国民の需要はひとりでにふえるものなのである。

そうなれば、日本人の心も一流になるはずである。現在の日本人の心は三流でしかない。それもこれも政治が遅れているからである。政治家は、もっと国民のことをわかってやらなければならない。

それに、日本人ぐらい税金の使われ方に文句をいわない国民も珍しい。外国では、税金の使われ方が納得できないと積極的に文句をつける。日本人は、はじめからあきらめてしまっている。

つぎの選挙で、自宅の建築費の利息はタダにし、月賦の金利も税金から引きますという公約を掲げる政党が出現したら、国民の圧倒的な指示を受けるのではないか。

売れないと嘆く前にどうすれば売れるかを考えろ

これからのビジネスは、商品によってはターゲットをしぼり込むことが必要である。0歳から80歳までのすべての人に売るのではなく、15歳専用とか18歳用とか対象をしぼるべきである。顔用クリームにしても、18歳用のクリームとか12歳用のクリームとか厳密に対象をしぼったものが売れる。

各年齢別、各世代別の情報機関、指導機関もでてきてもいいと思う。39歳の女性専門の相談所などもいいのではないだろうか。39歳の女性は40歳の一歩手前で、いろいろな悩みをかかえている。離婚の悩みであったり、子供の進学の悩みであったり、肌の悩みであったり、社内恋愛の悩みであったり、だれかに相談したいことは山ほどあるはずである。

農薬を飛行機で散布するようなやり方ではなく、商品によっては1本1本の樹木の虫を取り、枝を払うような個別的なものが、これからは売れる。全天候型、オールシーズン型ではなく、夏なら夏の晴れた日だけをターゲットにビジネスをする。そういった発想が必要である。

雑誌などでも、月刊誌、週刊誌、日刊誌、いろいろある。これからは、時刊誌の時代がくる。時刊就職誌などもけっこう商売になるとにらんでいる。

今日の10時からアルバイトをしたいと思ったら、駅のファクシミリの機械に10円入れると、どんな仕事があるか情報がでてくる。裏側を広告にして紙代をだせば、10円でも儲かる時刊就職誌の商売は立派に成り立つ。

先日も、あるところで講演をしたら漬物屋さんが質問してきた。漬物の商売が年々小さくなっている。漬物の将来はないのだろうかという。

私は答えた。

まず、あなたの客はだれかということをもう一度考えてみる必要がある。漬物は年寄りしか食べないと思って、江戸時代から使っているような旧態依然とした容器に入れて売っているのではないか。昨今の客は見た目のよさでものを買うから、中になにが入っているのだろうか、ひょっとして外国の食料品ではなかろうかと思わせるシャレた容器に入れて売る必要がある。

漬物という名前もよくない。漬物は英語でピクルスというから、ピッコロでもアピタでもカピタでもいいから、カタカナの名前に変えてしまいなさい。

よく考えてみると、日本人がこの島国で、なぜ動物性タンパク質をとらないで2000年も生きつづけてこられたかというと、その理由の一つに漬物がある。野菜を塩やぬかの中に漬けて腐らせ、発酵させて酵素を食べてきたからである。酵素にはそういった力がある。米だけでは不足する栄養を酵素が補ってきた。その漬物の効用を日本人は忘れている。もう一度、原点に立ち返って、日本人には酵素が必要なのだ、その酵素はこの食い物にあるのだ、ということを若い人に訴えていけば、若者たちも漬物を食べるようになる。漬物の前途は洋々であり、年々、売り上げが落ちるというのはおかしい。私が漬物屋だったら、あした売り上げを倍にしてみせる。

そう答えたのだ。

漬物も従来のものとはまったくちがったカボチャの漬物とか、スイカの漬物などを開発すべきである。鮨にしても、しめ鯖のバッテラとか棒鮨などは漬物の一種である。

売れないのは売り方が悪いからである。

「食事のあとで酵素をかならずとりましょう。酵素がたりなくなると長生きができません。長生きをするためには毎食後、酵素を」といったPRをすれば、かならず売れる。

そのときに、襖《ふすま》も売れないという話がでた。これだって売る方法がある。日本という、これだけ四季の変化の多い国で、襖というと十年一日のごとく同じものですませている。夏の襖、秋の襖、冬の襖、春の襖と四季に合わせて襖をつくれば、4種類の襖が必要になる。

夏の襖にはトンボを描き、秋の襖には菊の花、冬の襖には雪景色、春は桜、と四季それぞれに襖をつくれば、普通の家でも4種類の襖がいる。一流のホテルにいって、せめて春と秋ぐらいは襖をかえなきゃおかしいですよ、いかがですかとアドバイスをすれば、買ってくれるはずである。4月1日と10月1日は襖をかえる日といったPRをする。そういったことをやれば、襖だって売れるのである。

物が売れないと嘆く前に、売るための知恵をしぼることが肝要である。

第9章

常識をトコトン砕いた〝金儲けの頭〟

常識にこだわる奴は常識に殺される

ある場面に直面して、なんらかの判断をくださなければならないことは、よくあることである。私は、そういった場合には、ひとつのことに3通りの判断を考えてみる。

ひとつめの判断をくだした場合はどうなるか。ふたつめの判断ではどうなるか。三つめではどうなるか……。

それらを考えてから、最後にこれがベストの結果を招くと思われるものを選択し、決断する。まず、判断をして、それから決断をくだす。

そういった判断の仕方は、訓練を積み重ねて養うほかない。

判断力は推理力である。だから、判断力を養うことは推理力を整えることである。推理力がある人がいい判断ができる人である。

ものを判断する場合、表か裏か、白か黒かを判断するだけなら、確率は1対1である。

しかし、ビジネスの場合、そんなに簡単に判断はくだせるものではない。推理を重ね、そうして決断に至る。その過程で、あらゆる結果を予測する。だから、結果として予測しなかったことが起こることはあり得ないことである。

よい社長、よい副社長、よい部長、よい上司というのは、よい判断をする人のことである。

私のビジネスのことだが、1984（昭和59）年、チキンナゲットを扱うかどうかというときに、私は判断に迷った。

というのも、チキンナゲットは83（昭和58）年に、チキンの専門店の「ケンタッキー・フライドチキン」が売りだして、まるで売れなかったために、日本では売れないと判断して販売ストップを決断した商品であるからだ。

それを日本で売ったらどうかという話がもちあがったのだ。

社員の意見をきいてみると、鶏専門屋のケンタッキーさんが失敗したのをハンバーガー屋が売っても成功するわけはないという意見が圧倒的だった。

が、ためしに、チキンナゲットをつくらせて試食してみた。すると、うまい味になっている。

これなら日本でも売れる、と私は判断した。

そこで、どれぐらい売れるかという予測を立てたのだが、全売り上げの1割、という見方が強かった。

私は、もっと売れるはずだから、商品を多めに用意するようにいった。売り上げ目標を全売り上げの19パーセントとはじいたのだ。

そうして売りだしてみたら、なんと、全売り上げの28パーセントも売れたのである。

こんなに売れると、いくら商品を用意してもたりない。

そこで、アメリカから飛行機で製造機械を輸入して、伊藤ハムさんの工場に据えつけ、24時間、徹夜でチキンナゲットの製造をはじめた。

伊藤ハムの常務取締役伊藤正視さん（当時）が、こんなに徹夜つづきだと社員が死んでしまうと悲鳴をあげたほどである。

ついに、84年の売り上げは、当初の予測の１００４億円を上まわり、１０８０億円を記録した。

つまり、チキンナゲットだけで80億円売れたのである。そのために、日本経済新聞から、85（昭和60）年のもっともよい商品の一つであるとして表彰を受けた。そうしたら、今ではどこもチキンナゲットをメニューに入れて売りはじめている。

鶏専門の店が売って失敗したものを素人のハンバーガー屋が売っても売れるわけはないというのは常識である。しかし、ときにはその常識に従ってはいけない場合もある。ときには、常識の裏をいくという手もある。常識は常に変わっている。固定した常識などは存在しない。

現代に徳川時代の常識が通用しないことを見ても、わかるはずである。

私はケンタッキーがチキンナゲットから撤退したあと、アメリカにいってターゲットのちがいをつぶさに研究し、この商品なら売れるという自信をもったからこそ、売りだしたのである。

なぜ日本人の発想は世界に通用しないか

大学や短大、高校をでて就職すると、もう勉強しなくてもいいと考える人が多い。しかし、これからは従来以上に社会人になってからの勉強が要求される時代になる。社会人になってから、自分の実力を問われる時代になる。

そうして、実力のある人間は、どんどん高給でよその会社に引き抜かれる。そんな時代が到来すると私はにらんでいる。

だから、終身雇用に甘えるのではなく、10年区切りで転職を考えるべきである。10年後に、自分を高く売りつけるには、十分な情報と知識をもっていなければならない。10年ひと区切りといっても、チャンスは3回しかない。33歳、43歳、53歳の3回である。

その10年ごとの人生プランを最初の就職のときに立てるのである。そのためには、勉強をつづけなければならない。

その勉強の基礎になるのが判断力である。

その判断力を養うために、もっとも有効なのが、若いときに外国を見ておくことである。大学を1年間休学しても、アメリカなり、ヨーロッパなり、外国を見ておくことである。これは、あとから考えると大変な財産になる。

というのも、日本人はものを一面的にしかとらえない。もともと判断力に欠ける国民なのである。日本という、一民族、一国家、一言語、一宗教の国民はみんな同じような見方、考え方をする。

ところが、アメリカのように150もの人種が集まっている国では、ものの見方、考え方がそれぞれちがう。

そういった日本人とはちがう見方、考え方、発想法などには、若いときに接しておいたほうがいい。

たとえば、日本人は箸を使って食事をする。神代の昔、スサノオノミコトがヤマタノオロチを退治した時代に箸はすでに存在していた。日本人は清潔好きであるために箸を使ったものと思われる。

ところがヨーロッパ人の中には、日本人の食事は量が少なくて貧しいから、スプーンですくったら一度でなくなるから、一度でなくならないように箸を使って食べているのだろうと思っている人が少なくない。まったくナンセンスな見方だが、世界にはそんな考え方の人もいるのである。

そういった考えに接していると、判断力は自然につちかわれてくるものなのである。それに外から見ると、それまでわからなかった日本人が見えてくるものである。日本の進んでいるところ、遅れているところ、そういったところは、外からながめないとなかなかわからないのである。

日本人は世界じゅうでも特異な文化の持ち主である。東洋人ではあっても中国人ともちがう。

中国人は発想的にはヨーロッパに近い。

言葉の文法も英語に近い。華僑は世界じゅうにいるが、彼らの考え方は非常にヨーロッパ的である。

日本は島国で、特殊な考え方をする。

ところが、特殊な考え方は世界に通用しないのである。

世界に通用する考えの持ち主になるためにも、若いときに、外国を見るべきである。

ハンバーガーはアメリカから入ってきた食べ物である。一方、日本からアメリカにもっていくことができる食べ物というと串料理がある。

日本の料理というと、スシが有名で、アメリカでは、スシ・バーが繁盛している。

しかし、私はスシよりも、肉料理、それも、串に刺したヤキトリが売れるとにらんでいる。

日本には、ヤキトリに限らず串料理はたくさんある。串料理なら外国人にも食べられる。だから、これからは、SUSHI BARでなく、KUSHI BARでいくべきだと思う。

私がこんなことをいえるのも、若い時分から外から日本を見てきたからである。

成功には武芸者のような自己鍛練が必要だ

食後にビタミンCやD、Eをとる人がふえている。白米と漬物だけしか食べなかった時代なら、ビタミンを補給するのも必要だっただろうが、今日のように、栄養価に富んだ食事をする時代に、果たして、ビタミンが必要なのだろうか。むしろ、胃に負担をかけるだけではないだろうか。

ところで、ビジネスの効果を期待する場合もふたつある。

ひとつは戦後発見されたペニシリンとか、ストレプトマイシンとか、クロロマイセチンといった抗生物質のように、ドラスチックに効果があらわれることを期待する場合である。

もうひとつは、漢方薬のように長く時間をかけて効果があらわれるのを期待する場合である。

私は、ビジネスの場合は漢方薬的な効果でよいと思っている。というのも、ビジネスにはアクロマイシンのように一発で効くというものはないからである。あったとしても非常に少ない。

基本に忠実に一歩ずつ前進するのが最良の方法で、アクロマイシン的なものを求めると、たいていの場合、失敗する。

人間は生まれてから、70年か80年、ゆっくりと年を取っていく。

急に年を取る人はいない。

だから仕事も、5年、10年と時間をかけて徐々にやっていくのが似合っている。われわれにしても時間をかけて、漢方薬が効くように仕事を進めている。一歩一歩前進しているのである。

10年は日数に換算すれば３６５０日である。かなり長い時間である。10年間、一歩ずつ前進をつづけると、長足の進歩をとげることになる。

そのためにも、**1週間のプラン表、ウィークリー・プランをもつべきである。**

月曜日は自分の勉強をする日だからお酒は飲まない日にするとか、火曜日はお酒を飲んで気分転換する日とか、水曜日は英会話の日、木曜日はパソコンのマスターのための日とか、1週間を計画的にすごすことが大切である。

成功を求めて走る人は、昔の武芸者が鍛練したように、そうやって自己鍛練をおこなうべきである。

私はいつも2週間のスケジュール表をもっている。スケジュール表は食堂にも置いてあるし、朝、整髪する鏡台の前にも置いてあるし、寝室にも置いてある。

私は暇があるとスケジュール表をにらんで、2週間の時間の配分を考えている。

スケジュール表のそばにはメモ帳が置いてあり、気がついたことがあると書き加える。

そして朝、家をでて、会社につくまでの間に、時間のやりくりを考えるのである。

だから、もっともバカらしいと思うのが、約束をしないでやってくる人と応対するときである。やってくるほうは用事があってくるのだろうが、やはり、くるときは約束をしたうえできてもらいたいものである。

現代はスピード時代である。予定外の来客に時間を取られるほどバカバカしいことはない。
そういった時代であるから、手帳も1冊を1年間使う時代は終わったと思う。1か月単位で、1月の手帳、2月の手帳というように、ひと月単位で使い捨てにする手帳を開発したら売れると思う。

社員の必死さがわからなければ上司失格

会社の決済にもスピードは要求される。私は、決済の権限を金額で決めれば、かなり仕事のスピードアップができると思う。

たとえば、5億円までの決済は副社長がおこなってもよい。それ以上は、社長決済が必要である。

5000万円までなら部長の権限で決済をおこなってもよい。課長の場合は500万円までというように権限を金額で決めてしまうべきである。私の会社ではそういうふうにしている。

社員についてはどう考えるべきか。社員を見ていると、適当に仕事をしているという者はまずいない。みんな、一生懸命に働いている。だれが見ても無能きわまりないという社員でも、本人は一生懸命なのである。

ところが、みんな一生懸命なのに、その効果があらわれてこない。

本人が100パーセントやっているつもりで、70パーセントできたら上出来といわなければならない。

その社員に100パーセントの仕事を期待して、70パーセントしか結果があらわれなかったからといって、それをなじるのはなじるほうが悪いのである。100パーセントの仕事ができる人間なんかいるわけはない。

とにかく、時代は急速に変わっていく。

日本のどこかの温泉でパラボラアンテナでアメリカのテレビを100局、自由に見せると宣伝しているところがある。最新の情報をパラボラアンテナでどうぞというのである。

ところが、このパラボラアンテナを利用して衛星中継のアメリカの番組を自由に見るようになると、ポルノを禁止している意味がなくなってしまう。

アメリカでは、ポルノは解禁されていて、テレビでも放映されている。パラボラアンテナでは、そのアメリカのテレビが自由に見られるのだから、アメリカで放映中のポルノも簡単に見ることができる。

いかに日本の官憲がポルノはいけないといっても衛星中継で入ってくる電波をとめるわ

けにはいかない。だから、パラボラアンテナが普及すれば、ポルノはなしくずしに解禁されることになる。

パラボラアンテナを禁止すれば、科学の時代に逆行することになるし、情報から隔離されることになるから、そんなバカなことはできないはずである。

第10章

なぜ日本人は商売オンチなのか

水色を選べばかならず当たる

日本の歌には、それが流行歌であれ唱歌であれ、水に関係のある歌詞のものが多い。雨だとか、港、涙、海、濡れるとか、水に関するものが非常に多い。日本は海に囲まれていて、高温多雨の国である。だから雨だとか、水に関する歌が多いのだ。

色彩にしても、日本人は水色が好きである。タバコのハイライトの色でもあり、忠臣蔵のようにだれもが共感をおぼえる色でもある。

日本人の色彩感覚は欧米人にくらべると著しく劣っている。微妙な色を使い分けることができない。昔から墨一色で絵を描いてきたし、そういった絵しか描けなかった。明治以後ヨーロッパの絵画が入ってきて、油絵や水彩画を描くようになったが、もともと色の選択を苦にするところがある。

だから色の選択に困ったら、迷わず水色にすればいい。そうすればかならず当たる。

水色は、もっと日本人の中で生活で使われるべきである。カメラとか炊飯器とか、もっと水色を取り入れるべきである。

カメラには圧倒的に黒が多い。黒という色は目立ちすぎて、生活の中に入ってこない色なのだ。車にしてもかつては黒が主流だった。私は34、35歳のときからベンツに乗っているが、当時、ベンツには黒しかなかった。輸入代理店のヤナセにいわせると、ベンツは黒です、色つきのベンツなんかに乗る人はいませんという。私は黒はイヤだといった。そうすると黒以外は特別に注文しなければなりませんという。それで、注文してカラーのベンツに乗ったが、以来、カラーのベンツに乗る人がふえた。

ベンツをはじめ、高級乗用車は黒というのが当時の常識だったし、今でもそう思っている人は少なくない。色を変えたらおかしいと思っている。しかし、なにも常識にこだわることはないのである。

家庭の炊飯器にしても、のきなみ白である。ところが白は食卓には似合わない色なのだ。炊飯器の色は白だと思い込んでいるようだが、小豆《あずき》色とか、ピンク色にしたほうが食卓は潤うはずである。常識を破るところから、爆発的に売れるものがでてくるのである。

欧米人の体の色はさまざまである。髪の色にしても、金髪あり、銀髪あり、茶色、栗毛、赤毛と種類が多い。肌の色にしても、ひとくちに白人といっても白あり、ピンクあり、赤い肌もあれば赤銅色もある。目の色も、黒、茶、ブルーとさまざまである。

だから、個人個人で似合う色と似合わない色がある。色の合わせ方が微妙でむずかしい。金髪でブルーの目をした白人と栗毛で黒い目をした白人では似合う色がまるでちがってくる。当然、欧米人の色に対する感覚はきびしくなる。

日本人の場合は、髪と目が黒で肌が黄色というひとつの色だから、ひとりの日本人に似合う色は日本人全体に似合うから簡単である。つまり、似合う色はおのずと限定されてくるのである。日本人が伝統的に好む水色も、日本人にもっとも似合う色だからである。

私は色には神経をつかうほうである。毎年、店舗を70ほどずつふやしていっている。その新店舗の基本カラーをどうするかという問題がある。私は、それをアメリカのデザイナーにデザインさせているが、私は専門のことは専門家にまかせる主義だから、途中ではいっさい注文はつけない。しかしできあがってから、ここが気に入らない、ここを直してほしいとうるさく注文をつける。

今ある物の中にブームのタネは転がっている

日本では迷ったときは水色をもってくればいいが、色の世界だけでなく、ビジネスなどのほかの分野にも、この水色に相当するものがあるはずである。

つまり日本人には、ものの考え方に、ひとつの考え方で通る最大公約数的なものがあるのだ。だから、外国にくらべると裁判が少ないし、弁護士も少ない。日本では、とことん争うことが少ないし、争いを好まないのが日本人の国民性である。少し争ったところで、水色をだして、手を打って和解してしまう。

日本人の最大公約数のひとつに学校の制服がある。女子中学生や女子高校生が制服としてセーラー服を着ているのも、男子高校生が黒の詰襟を着ているのも、日本人が画一的なことが好きで、制服を受け入れやすい国民だからである。宗教がちがい、生活環境がちがう外国人が日本にきていちばん驚くのは、女子中学生や女子高校生の制服のセーラー服である。集団で女の子が、本来は男の着るセーラー服を着ている理由がわからないというのだ。

セーラー服を制服にするというのは、明治時代あたりにだれかが考えたことだろうが、現代の若い女性がなんの抵抗も感じずに着ているというのもおかしいことである。

地方都市では、休日にも制服のセーラー服を着用するように学校の規則で決めているところも少なくない。制服を着せることで女生徒であるということを意識させ、悪いことをしたり、誘惑から身を守らせるのだという。この制服も一種の水色である。

つまり、日本人の行動パターンは「水色」なのである。どんな行動のパターンにも、「水色」がある。すべてを統一しようとする傾向がある。たとえば、会社の慰安旅行というと、決まって温泉にでかけ男も女も浴衣にドテラを着て、お膳の料理を食べて酒を飲んで騒ぐ。これだって、考えてみれば「水色」なのである。ゴルフ社員慰安旅行とかテニス社員慰安旅行などというのはきいたことがない。

だから、ビジネスでも外国ほど成功がむずかしくない。商品によっては同じものがヒットしていく。ひとつのパターンを押していけば成功する。あれもやり、これもやる必要はない。むしろあれこれやってはいけないのである。

何度もいうが、今あるものの中からヒットが生まれるのである。

突然、テレビが出現して普及したとか、突然、ビデオ時代がきたというようなこともあったが、それは天才が考えるものであって、われわれはそういう時代を変革させるようなものを考えてみても仕方がない。徒労に終わるのが関の山である。

われわれにできるのは、今あるものを伸ばしていって需要を広げていったり、今あるものを改良して販路を拓いていくことぐらいである。今あるものの中から、ちょっとした改良を加えてヒット商品を生みだしていくべきである。今ある商品を、使用する顧客がより便利だと思うものにすることで、売れゆきは大きく伸びるものである。

今あるものの中にブームのもとになるものはいくらでも転がっている。それをいかにして掘り当てるかである。日本人の生活には不合理な面が多い。それを合理化することを考えれば、爆発的に売れるものを掘り当てることができるはずである。注意深く周囲を見まわしてみてほしい。

他人の知恵をタダで使うな

マクドナルドでは、かつて、ゲーム・プロモーションとしてゲームカードをおこなった。質問が書いてあって答えが4つあり、その中から正解を選ぶものである。たとえば110番の正式な呼び名はなんというのかという質問に答えが4つ書いてある。そうすると警視庁に正解を教えろという電話が殺到する。警視庁では対応に立ち往生したという。

また、相撲の決まり手はいくつあるかという質問には、48とか56とか77とかの答えが書いてある。だれでも相撲の決まり手は48だと思っているが、正解は77手である。それで、本当に決まり手は77であるのかという電話が相撲協会に殺到した。相撲協会から迷惑な設問はしないでくれと抗議がきたほど電話が殺到したらしい。

また、本屋さんで、百科事典を引いて調べる者がふえて、うちは図書館じゃないと本屋さんを怒らせたり、**ゲームカードはいろんな反響をまき起こし、売り上げもウン割伸びた。**

いくつかの出版社から、このゲームカードに使った質問と答えを本にしないかという話がきている。

このゲーム・プロモーションはアメリカのロサンゼルスにある「サイモン・マーケッティング」という販売促進専門会社の社長のエリック・スタントンの言葉がヒントだった。エリック・スタントンは、従来のゲーム・プロモーションはもらった瞬間に当たりかはずれかがわかるものが大多数だったが、そうではなく、だれでも勝つチャンスがあるというゲームを発売したらおもしろいといったのである。

4つ答えが書いてあって、そのうちのひとつが正解である。百科事典を調べるなり、雑学の大家にきくなりすればかならず正解はある。それを客に考えさせるゲームがいいという。私はそれを今回やってみた。するとただちにエリック・スタントンはアメリカからやってきて、10万ドルよこせという。

私がこういうゲーム・プロモーションを考えて、それをあなたは実行して、売り上げがウン割伸びた。だから、アイデア料として10万ドルを要求する、という。私は、確かにアイデアはいただいたが、べつにあんたがひとつずつ質問と答えをつくったわけではないし、10万ドルは高いと突っぱねた。しかしスタントンは、まったく斬新なアイデアを提供して、それでウン割売り上げを伸ばしたのだから10万ドルでも安いほどだと主張する。私は結局、

10万ドルをスタントンに支払った。また、おもしろいアイデアをもってきてほしいといった。

普通の日本人はアイデア料は支払わない。他人のだすアイデアはタダだと思っている。しかし、これからは、アイデアにはやはりアイデア料を支払わなければならない時代がくる。アイデアはタダで他人に提供すべきではないし、タダで使ってはならない。アイデアも立派な商品である。

ローカル性を奪ったTVでローカルを回復する法

テレビジョンの普及にともなって、日本じゅうに情報が瞬時に伝わるようになり、都会とローカルの区別が失われてきた。全国一様に都市化が進んできた。以前は東京、名古屋、大阪が都会であり、それ以外は田舎であった。

しかし今は、東京で放送されているテレビはその瞬間に北海道でも九州でも沖縄でも見ているのである。北海道にも九州にも沖縄にもテレビ局はあるが、同じものを同時に放映するために、ローカル性を失ってしまった。

ローカルのテレビでしゃべる言葉も、標準語という怪しげな植民地語であり、各地方の方言ではない。画面だけではなく標準語という奇妙な植民地語がテレビジョンを占領してしまった。テレビによって日本のローカル性は破壊されたといってもいい。

故・大宅壮一氏は、〝一億総白痴化〟といったが、今度はテレビを逆手にとってローカル性を回復させるのもおもしろいのではあるまいか。つまり、テレビの2カ国語放送のひとつを使って、ローカルランゲージで同じことを放送するのである。鹿児島ではバイリンガルで鹿児島弁で放送する。ニュースも鹿児島弁、野球放送も鹿児島弁で放送する。広島なら広島弁。大阪なら大阪弁でローカル色豊かな放送をする。2カ国語放送といっても、なにもひとつは英語でやらなければならないわけではない。標準語と方言の放送でいい。

そうすれば、テレビを通じてローカル色を取りもどすことができる。

かつて天領であった福島県とか新潟県は産業面で後れをとっている。それは親方日の丸だったためである。天領でなかったところは、藩ごとに産業を起こし、その育成に力を入れた。赤穂藩は塩をつくり、久留米藩は久留米絣をつくり、加賀の前田は輪島塗りをつくらせ、産業の振興と保護育成をはかった。

ところが、天領だったところは、そういったことをしなかったために、いまだに産業面で見るべきものがない。

テレビジョンも今のうちにローカル性の豊かなものにしておかなければ、地方はかつての天領のようになってしまう。何十年かたつと、それこそ取り返しがつかなくなる。

こんな保険のかけ方も知っておけ

私は、１９８６（昭和61）年８月１日から８月31日まで、アメリカのブロードウェイでヒット中のミュージカル『42ＮＤ ＳＴＲＥＥＴ』をそっくり輸入して、ＮＨＫホールで公演した。

これにかかった費用は20億円。そこで、公演前にノンパフォーマンス保険＝公演不能保険をかけたいと日本の保険会社に話をした。

ところが、日本の保険会社はどこも契約してくれない。仕方なしに、ロンドンのロイド保険会社に話をした。ロイドでは契約するといってくれた。ところが、その保険料は３パーセントだという。普通、火災保険の保険料率は０・01パーセントぐらいのものである。１０００万円の保険ならせいぜい１万円程度である。

それが、ノンパフォーマンス保険は３パーセントだという。それも20億円全部はいろんな理由からダメで、10億円ならいいという。

そういう回答なので、ロイドと契約を結ぶかどうか会社でも異論があったが、それでもいいという結論をだして保険をかけた。

公演が無事おこなわれた場合は3000万円の保険料が損になる。飛行機が墜落するとか、ホテルで火災が発生するとか、タレントの来日が不能になったり、無事に来日しても、日本で天変地異があって公演が不能になったりすれば、20億円のうちの半分の10億円の損はロイド保険会社が支払ってくれることになる。

ノンパフォーマンス保険というのをかけるのはきわめて珍しいことだそうである。しかし、これから日本で大きな公演をおこなうことがふえてくると、こうした保険の需要も増加するはずである。そんなときに、ロイド保険会社だけを儲けさせることはないと思うし、日本の保険会社もこうした保険の契約に応じてほしいと思う。

私はノンパフォーマンス保険とはべつに、フィデルティ・インシュアランス＝忠誠《ちゅうせい》保険というのをかけている。

これはどんな保険かというと、社員が不正行為を働いて会社に損害を与えた場合は保険会社が損害を保障してくれる保険である。だいたい日本では、社員が不正行為を働いて会社に損害を与えると、一応はその社員に補填を求めるが、相手にその能力がないときはそれっきりになるのが通例である。

私は15年前にマクドナルドをはじめるときに、この保険をかけたが、こういったフィデルティ・インシュアランスをかける日本の企業はあまりないようである。このときにはAIU保険会社が、とくに大蔵省と交渉して契約を可能にしてくれた。しかし、今回のノンパフォーマンス保険は、日本の保険会社は残念なことに契約してくれなかった。

啓蒙しようとするからダメな宣伝しかできないのだ

宣伝が大切なことであるのは、今さらいうまでもない。ところでその**宣伝だが、私は宣伝会議にでてくる中でいちばんレベルの低い人がわかるものにしろとつねづね主張している。**いちばん頭のいい人に合わせたものでは失敗するからである。

日本マクドナルドでは、中学1年生に合わせて宣伝するように心がけている。高校生に合わせたのでは失敗する。宣伝というと、つい、程度が上の者に標準を合わせがちである。教育してやろうとか、啓蒙してやろうと考えがちだが、それではダメなのである。

広告宣伝というものは理性に訴えるものではない。感性に訴えるものなのである。

だから、理性に訴えようとすると失敗してしまう。

理性に訴えなければ売れそうもないようなパソコンやワープロの広告宣伝も、すでに感性に訴えはじめている。広告宣伝で、もっとも大切なことは、売れるときに宣伝することである。とかく、売れないときに宣伝しがちであるが、それは間違っている。

たとえば、ニッパチといって、2月と8月は通常100売れるものが60しか売れないとすると、2月と8月に必死に宣伝をして売れる方向にもっていこうとする。これは宣伝のやり方を間違っている。どんなに宣伝しても、せいぜい需要は80ぐらいにしか回復しない。100は売れないのだ。

ところが売れるときには、通常は100売れるものが200は売れる。宣伝はこのときに打つ。そうすると、200売れていたものが300にも、それ以上にも売れる。60しか売れないときはじたばたせずにジッとしていて、売れるときに宣伝して300売って平均すればいい。それが宣伝の基本的なやり方なのである。

よそさまとちがって、マクドナルドはニッパチが売れる。2月はあたたかいナゲットが売れて、8月は冷たいシェイクがでる。そのときに宣伝攻勢をかけるというのも、放っておいても売れるかもしれないが、そのときにもっと売り上げを伸ばしたいからだ。

私は、広告はかくあるべきだということをいつも広告会社にいうし、会議にはかならず出席して意見を述べることにしている。

第11章

最後のチャンスの足音が聞こえるか

地球の裏側のブームがたちまち波及する時代だ

1986（昭和61）年の2月22日に、全世界でマクドナルドの9000番目の店がシドニーでオープンしたので、そのセレモニーにオーストラリアへいってきた。**2月のオーストラリアは7月の日本である。真夏なのだ。**日本の雪国では50センチも雪がつもっているのにシドニーではトップレスの女性が泳いでいた。

地球の北半球と南半球では、それだけ気候がちがう。家だって日本と反対に、北向きに建っている。日本では東南の角がいちばん日当たりがいいが、オーストラリアは北西の角がいちばん日当たりがいい。水だって、まわり方が逆である。北半球の水は時計の方向に渦をまくが、オーストラリアでは、時計の針と反対の方向にまわる。地球の磁気の関係で、水のまわり方までも反対になるのだ。

このように、同じ瞬間でも、北半球と南半球は環境がちがう。そうすると、売れているものでも、同じ瞬間に北半球では冬のものが売れ、南半球では夏のものが売れるという具合に、ちがってくる。

当然、考え方もちがってくる。

世界平和とひとくちにいうが、寒くてオーバーを着込んでいる国と、暑くてトップレスになっている国では、平和についての考え方もちがう。われわれだって、真夏に考えることと、真冬に考えることはちがう。

従来は、北半球の日本と南半球のオーストラリアは遠い国であり、冬と夏が逆転していても、日常生活は無関係だった。それが現在では、テレックスやファクシミリで、一瞬のうちに情報の交換が可能になった。株式相場にしても、世界のどこで市場が開かれても、テレックスで注文を入れ、売買ができる時代になった。

ものの考え方や生活が大きくちがっていても、経済情勢だけが進んでいく。そういう恐るべき時代になってきた。

文明の利器の通信手段の発達で、世界がひとつになったといえる。つまり、のんびりすることは許されなくなってきたのである。予断を許さない時代になってきた。

これまでは、太陽が沈んだら、明日返事をしますといえばよかった。ところが、為替相場などは、世界じゅうが常に動いているので、そんなゆっくりした返事はできなくなった。

外国為替や債券は24時間体制で対応しなければならない時代に突入してきている。日本だけ休んでいるわけにはいかないのだ。商品にしても流行は世界的になる。

この年の夏のオーストラリアでは、「ル・ジンク」という化粧品が大流行していた。このフランス名前の化粧品はなにかというと、鼻の日焼けどめクリームである。

鼻は顔の中でもっとも高い部分だから、日に焼ける。その日焼けを防ぐために、従来は透明か肌色のクリームを塗っていた。ところが、この「ル・ジンク」は黄色とかピンクとか水色の色つきクリームである。それを鼻に塗る。口紅を塗るように女性が鼻に塗っている。

「分衆の時代」の今、何が売れるか

日本へ帰ってきて、有名な化粧品メーカーの専務に見せたら、これはおもしろいという。私がこれまで何度もいっていることだが、ヒットする商品は現在ある商品の中から生まれてくる。「ル・ジンク」が爆発的に売れれば、これもそのひとつである。

分衆の時代といわれる今、世の中は複雑多様化してきた。それも、単に複雑多様化してきたのでは意味がないが、みんながカネをもっている。昭和30（1955）年代、40（65）年代からくらべると、昭和60（85）年代は余裕のカネをもっている。だから昭和30年代には、ごく一部の人たちが愛用してきたものを、現在ではほとんどの人がもつことができるようになった。それだけ、日本の国全体が、豊かになってきているといえる。

そうなると、商品に国籍がいらなくなった。従来は、ハンドバッグはフランス製が売れ、紳士服は英国製、カメラはドイツ製が売れた。

ところが現在は国籍が不要になった。国産品にしても、外国製品にくらべ遜色がなくなった。ましてやカタカナの名前で売りだされると、どこの国でつくられたものなのか、国籍が不明になる。つまり、一つひとつの商品が無国籍化しているのだ。

そういった状態では、本当にいいものだけが売れる。ハンドバッグにしても、従来はフランス製であれば売れていたものが、いいものであれば国産品でも国籍は関係なく売れる。日本人には、長い間、舶来尊重の傾向があったが、現在では、その舶来コンプレックスは消え、いいものに目が向きつつあるのだ。

日本では、現在、ウーロン茶ブームである。缶入りで100円だが、だれが考えても原料代はそんなにかかっていない。

たくさん飲めば痩せるとか、脂肪分を取るとか、いろいろいっているが、ウーロン茶の効用については定かではない。みんな、なんとなく信じて飲んでいるのである。しかし、ウーロン茶は人間の生活にそれほど必要なものとは思われない。

むしろ、人間に必要なのは牛乳である。成分もはっきりしていて、カルシウムやミネラルまで含む完全食として、病人には欠かせない飲み物である。ところが、牛乳の生産には、多くの人手がいる。生ものだから、ある期間内に販売しないと腐ってしまう。冷蔵しなければならないし、流通もむずかしい。しかも、値段は天然の水をパックして売っているものよりも安い。

商品として、ウーロン茶と牛乳のどちらかを売るかといえば、利も多く、爆発的に売れているウーロン茶を選ぶのが人情である。

使命感に燃えなければ、牛乳なんか売れない。しかし、ブームのウーロン茶に走るのも結構だが、やはり、牛乳を売る人もいなければ困るのである。

マクドナルドが86（昭和61）年8月にアメリカから呼んだミュージカル『42ND STREET』の前売券を同年4月14日から売りだしたが、売りだしの初日は電話回線がパンクするほどの人気だった。

しかし、いくら切符が売り切れても、儲けはない。むしろ、もちだしである。この本場の本物のミュージカルは、マクドナルドの牛乳みたいなものである。ウーロン茶ではない。

確かに時代は変わってきている。しかし中心はいつも同じ、変わっていない。

その中心を軸にして波動を描いていくのが流行である。だから、それにある程度、寄っていかなければならないが、中心を見失ってはならない。

田さん 俺
ヒット商品を
つくりたいんです
ヒット商品は
今ある商品の
中から生まれる！
ピカーン
たとえば
ペットボトルの
コーヒーは
缶コーヒーから
生まれたのでは
ないか！
コーヒー
ズズズ…
今の世の中は
なんでもあるから
むずかしいですよ
否《しな》！ 時代は変われど
その中心は変わっていない！
キミたち
心の声を聞け
チャンスは
目の前にある！
ポッ

いつの時代も、男と女がいて、食べて寝て、やってることは同じなのだ。その大原則を踏まえたうえで今、なにがヒットするかを見きわめればいい。

ちょっとだけ進んだ頭がヒットを生む

極端にすぐれたアイデアは受けない。むしろ、少しだけ進んだアイデアがいい。

私は若いときからいろんなアイデアをだしてきたが、結局、そういう結論に落ち着いた。あまり進んだアイデアがダメだというのは、それに他人がついていけないからである。ちょっと変わったアイデアにはついていける。

石鹸でも、脂肪を取るとか皮膚呼吸がよくなるといった、健康石鹸を売りだすと売れるはずである。石鹸は毎日使うものだから、そういった石鹸をつくれば、すさまじい勢いで売れると思われる。

真夏の国に真冬の日本からいくと、冬の締まった毛穴がなかなか開かないから、汗がでないので苦しい思いをする。そんなときに、使ったら毛穴や汗腺《かんせん》が開く石鹸があればいいのにと思う。そうした石鹸があれば、かならず売れるのではないか。

ウーロン茶だって、従来からあるお茶の一種だから抵抗なく受け入れられた。突如、あらわれたものではない。脂肪を溶解する効果があるというプラス・アルファが今の時代に受けたのである。

アメリカでは『時差を克服する方法』という本が売られている。この本の要旨は、食事をするなということである。

人間のリズムを変えるのにもっとも効果があるのが、空腹である。三度三度、きちんと食事をしていると人間のリズムは変わらない。

三度の食事をどこかで抜くとリズムが変わる。それまでの、朝、昼、晩の三食をどこかで抜いて、到着した国のリズムに合わせて食事をするのが時差を克服するコツなのだというのである。

ジェット機での世界旅行の機会がふえてくると、こうした本も売れるのである。

正統派だから日本に定着した

マクドナルドの朝食メニューは大ヒットした。

というのも、朝食メニューが正統派の洋風朝食だったからである。そういったものがこれまで日本になかった。

喫茶店などで、モーニング・サービスといって、ゆで卵に分厚いパンにコーヒーをセットでだしているが、あれは伝統的な欧米人の朝食ではない。

正統派の朝食は、スクランブル・エッグであり、エッグ・マフィンであり、ホットケーキである。

そういった朝食は西欧化していく日本人に必要だったのだ。

日本に、ごはんとミソ汁とノリと漬物、というオーソドックスな朝食があるように、ヨーロッパにもオーソドックスな朝食がある。長い年月をかけ、いろんなものが淘汰されて、ゆで卵ではなく、スクランブル・エッグになった。分厚いパンではなく、ホットケーキになったのである。

そういったヨーロッパのオーソドックスな朝食が、抵抗なく食べられるのは、たとえ他民族のものであっても、その民族が何百年もの年月をかけ、集大成したものは日本人に受け入れられるということでもある。

マクドナルドの朝食メニューがオーソドックスなものではなく、特殊なものだったら、定着はしなかっただろう。

洋服でも、ヨーロッパ人がそれまでのものを改良して、今日の洋服をつくった。それを日本にもってきて、日本人が着ている。日本人にもちゃんと似合うし、不思議ではない。

もしも、洋服と着物の中間のようなものをつくってもってきたら、そういった衣服は定着しなかっただろう。

数年前に、夏は省エネ型の服をつくろうといって当時、江崎通産大臣がサファリ服に似たものをつくってPRしていたが、だれも相手にしないので、1、2年で消えてしまった。長い歴史の中からあみだしてきたもののほうが、はるかに強いのである。

朝食にホットケーキを食べないという時代は何千年か先にはくるかもしれないが、近い将来にはこない。マクドナルドの朝食メニューの中でも、ホットケーキが売り上げの3割を占めている。

朝食に、ふわっとした、あたたかくて柔らかいものに蜜をかけて食べるのは、中国人が朝がゆを食べるのと同じである。中国人の朝がゆ的なヨーロッパ人の知恵の所産《しょさん》なのであり、だから、よく売れるのである。

朝食は、ニギリめしにしましょうとか、分厚いパンにしましょうとか、ゆで卵にしましょうといっても、歴史がないものは、受け入れてはもらえないのである。

われわれが今日存在しているのは、歴史のレールの上に乗っているからである。そのことを忘れて、突然変異的なことをいってみてもダメなのである。

そういった意味では、日本の伝統的な朝食もレストランでサービスすれば、かならず売れる。うまいミソ汁とあたたかいごはんとノリ、卵、納豆を安く提供すれば、絶対に売れる。しかし、そういった日本のオーソドックスな定食は手間がかかるから、簡単にはできない。ヨーロッパ・スタイルのほうが簡便なのである。

千載一遇のチャンスをなぜつかめないのか

金地金《きんじがね》が1グラム2000円を割ってきた。高いときには8000円していたから大変な安値である。金もそこまで下がると、だれも見向きもしない。**ところが、2000円割れば、買いのチャンスなのだ。**

こんなチャンスは何年に1回しかない。しかし、大きなチャンスだとわかっていても、下がってくるときには買いにくいものである。

しかし、儲かるか儲からないかは、そこで買うかどうかで決まってくる。上がりだしてから買ったのでは、あまり儲からない。決断して、買うべきである。

ところが、その決断をできない人が多すぎる。

そこで金をつかむ人とつかめない人に分かれてくる。

人生には、先生もいなければ上役もいない。

会社では、上役が決断をし、学校では先生が決断をくだす。しかし、人生では決断をくだすのは自分自身なのだ。

だから、金が2000円を割っている現在が買いどきだとわかっていても決断ができないのだ。

たとえ1万円でも投資のうまみを味わってみろ

投資というのは、当てにしないカネでおこなうべきである。生活費を流用したり、返済期限つきのカネを投資に使ってはいけない。しばらくは必要ないし、それを使ってしまっても他人に迷惑をかけないという、そんなお金でしなければならない。生活費の一部をまわしたりすると、あせりがでて、うまくいかない。

どんなささやかな投資でも、投資にまわしたカネは当てにしないという態度が必要である。

たとえ、1万円でも5000円でもいい。あまっているカネがあったら、今はそれでドルを買っておくべきである。そうすると投資のおもしろ味がでてくる。

よく事業はしたいがカネがないという人がいる。それは間違っている。そんな人は事業をする資格がない。1万円でも5000円でも、事業はできる。それにふさわしい投資をすればいいのだ。

若ければ若いほど、なるべくはやく投資をすべきである。それによって投資のおもしろさがわかると、夢がふくらんできて、つぎは10万円を投資にまわしてみようと思うようになる。

そういったことをしないで、いつまでも一攫千金を夢見ていても、永久にそんな夢は実現しない。1万円でも5000円でも銀行にいけばドルを売ってくれる。それを買うことから投資ははじまるのだ。

傍観者はダメである。どんな仕事でも、当事者になることが肝心である。

第12章

いま、経済の地殻変動がはじまった

デフレーション経済の幕が切って落とされた

1985（昭和60）年の秋あたりから、世界の経済は異常事態に突入してきた。

45（昭和20）年から85年までの40年間は、一貫してインフレーション経済だった。毎年、ベースアップがあり、物価も上昇していくというインフレ経済に、みんなが慣れ切っていた。政治家も学者も一般市民も中小企業の経営者も、経済といえばインフレ経済のことと思い込んでいた。

資本主義経済のもとでは、カネを借りれば金利を払わなければならない。その金利分はインフレになるというのが常識みたいなものだった。

ところが、85年の秋頃から、世界の経済情勢は一変し、デフレーション経済になってきた。デフレーションになる最大の要因は石油の価格である。一時は1バーレル30ドルしていた石油の価格が、値くずれを起こし、下落の一途をたどり、86年5月には10ドル前後にまで下がってしまった。86年10月現在では、価格はやや上昇に転じている。

石油の価格が3分の1も下がると、世界経済は、はかりしれない影響を受ける。

86年3月には、アメリカで消費者物価が2パーセント下がった。朝鮮動乱が終結したとき、アメリカでは消費者物価が1パーセント強、下がったことがあるから、30年ぶりの異変である。前を向いて走っていたら、急にうしろを向かされたようなものである。

つぎになにが起こるか、インフレ経済に慣らされてしまった者にとっては、まったく予測ができない、デフレーション時代がはじまったのだ。

アメリカも戸惑っているし、世界じゅうが戸惑っている。

このデフレーション経済のもとでは、いろんなところでチグハグな現象が起こってくるものと思われる。デフレーションになると、物価が下がってくるが、それもいちように下がるのではなく、あるものは値上がりし、あるものは値下がりするという、凸凹を描いた下がり方をするものと思われる。

たとえば、再生産ができない土地は、この2年間で2倍になるほど地価が急騰している。となると、土地はインフレ経済のレールに乗って推移するのかもしれない。あるいは、地価はデフレ経済の物差しみたいなもので、デフレになるとこれだけが急騰するのかもしれない。

こうなると、いちはやくデフレーション経済に目を向け、これまでの考えを捨ててしまって対策を考えることが肝要である。

インフレ経済の時代では、10兆円にのぼる日米貿易のアンバランスを解消するためにはドル安・円高の為替相場が必要だといわれていた。しかし、デフレ経済の時代が到来したとなると、為替だけでアメリカの貿易赤字が解消できるかどうか、予断を許さない状況になってきた。為替を人為的に、ドル安・円高に誘導しなくても解決することができるかもしれないのだ。

デフレ経済をはかる物差しは今のところなにもない。円高、金地金の安値、地価の高騰……。すべてデフレーション経済のもたらす、世界経済の地殻変動である。しかも、未経験だから、どうしたらよいのかはっきりわかる人は、世界じゅうにもいないのである。

デフレ経済は物価の下落をもたらすから、金地金にしても、もっと下がることが考えられる。金地金はこれまでは1グラムが２０００円を割れば安いと考えられていた。しかし、デフレ経済になると、１グラム１５００円まで下がるかもしれないのだ。しかも、はっきりと下がる、というのではなく、下がるのではないだろうか？　というふうに、〝？〟のマークつきなのである。はっきりしたことはわからない。

しかし、デフレーション経済の時代に入ったことは確かである。これからもインフレ経済で移行すると考えていたのでは、大ヤケドを負いかねない。

今、いちばん新しい〝クローズアウト〟とは

デフレーションは物価を引き下げる。その影響かどうかわからないが、アメリカでは「クローズアウト」の時代がやってきた。

日本では、ダイエーの中内㓛氏がスーパー・ストアを登場させて、流通革命をもたらした。そのスーパーは１９５５（昭和30）年から著しい伸びを見せて今日に至っている。

アメリカでは、スーパー・ストアの時代はすでに終焉を告げ、ディスカウント・ハウスが全盛である。そのディスカウント・ハウスの前に立ちはだかったのが、クローズアウト・ショップなのだ。

スーパー・ストアは商品を小売店価格の7掛けぐらいで売っていた。ディスカウント・ハウスは小売価格の半額セールで消費者にアッピールした。ところがクローズアウトは小売価格の75パーセント引きなのである。小売価格の4分の1で売るのだから、半額のディスカウント・ハウスのシェアを食い荒らすのは当然である。

しかも、クローズアウト・スペシャリストのハワード・スナイダー氏に会って、ニューヨークに7か所あるうちのひとつを見せてもらったら、一流ホテルの1階に店をだしてい

る。これには驚いた。

ディスカウント・ハウスとかクローズアウト・ショップといえば、ガレージ・セールのように、うらぶれたところで商品を売るというイメージがあった。ところが、ニューヨークでは一流ホテルに店舗をだしているのだ。商品もノーブランドではなく、ブランド商品なのだ。

資本主義経済では商品は大量生産される。商品市況を無視して大量生産をする。それが全部売れればいいが、流通経路の複雑さ、消費者の移り気、宣伝のまずさなどで大量に売れ残ることが珍しくない。売れ残った商品は採算を度外視して安く売るほかはない。

クローズアウト商品が売れるというのは、資本主義の宿命なのかもしれない。

最近では、売れ残ったものばかりではなく、はじめからクローズアウトで売ることを目的に生産される商品もあらわれてきた。

そのクローズアウト・ショップの社長に会って話をきいてみた。

社長は忙しくて仕方がないという。全国各地から商品がもち込まれてくるというのだ。それを彼は、すべて現金で買い取っている。キャッシュで買ってキャッシュで売る。これがクローズアウトの特色でもあるのだ。

プラスチック・マネー、つまり、カードの時代にキャッシュが再び威力をもってくるか

もしれない。というのも、カードは整理に時間がかかる。管理という面で考えるなら、キャッシュのほうがカードよりもはるかに管理しやすいという利点がある。ただ、いつもたくさんの現金をもち歩くのは不用心だし、かえって不便だから、カードを使っているだけなのである。

レーガンの表敬訪問で知った日本とアメリカのスタンス

私は1986（昭和61）年4月8日にレーガン大統領を表敬訪問した。

レーガン大統領はタカ派だときいていたので、訪問する前は粗野な感じの人を想像していた。しかし実際に会ってみると、ソフトムードで威厳のある、物静かなタイプの人だった。あまりにもタカ派から受けるイメージとちがっていて驚いた。

レーガン大統領との会見の間じゅう、バック・グラウンド・ミュージックが流れていたが、あとできいたところによると隣の部屋で海兵隊の5人のバンドが生演奏をしていたのだ。

ヨーロッパの王侯貴族の家では、おかかえのバンドが朝から晩まで生演奏をしていたということはきいていたが、アメリカの大統領ともなるとさすがちがうなあと感心させられた。ＢＧＭはテープだと思いこんでいたし、まさか、バンドの生演奏とは考えてもみなかった。

1年ほど前、マニラにいったときに、マルコス前大統領の従姉の案内でマラカニアン宮殿を見学したことがある。ちょうど、マルコス夫妻は宮殿を留守にしていたときで、イメルダ夫人のプライベートルームまで、すべて見学させてもらった。そのときはその豪華さに感心したものだが、ホワイトハウスを見学させてもらってみると、雲泥の差があることを痛感した。ホワイトハウスのほうが、規模から威厳まで、すべてにおいて勝っていた。

レーガン大統領にお目にかかる前に、マルコム・ボリドリッジ商務長官にお会いした。そして、日米貿易摩擦の解消策について、私は自分の意見を述べ、長官も耳を傾けてから、賛成だ、非常におもしろい案だといってくれた。

その会見のあとで、長官はおもしろいものをお見せしましょうといって腰を上げた。私は、飾りものでも見せてくれるのかなと思ったが、そうではなかった。

長官は執務机のそばのロープを取り上げると、10メートルほどはなれたところにあった椅子に向かってひょいと投げ、椅子をロープでとらえてしまったのだ。

あっけにとられている私に、長官は、自分がカウボーイの出身であることを話し、毎日こうやってロープで牛をつかまえる練習をしているのだといった。日本の大臣でこんなユニークな人物はいないはずである。

ワシントンでは、ほかにもネブラスカ出身のエドワード・ゾリンスキー上院議員と上院の議員食堂で一緒に昼食をした。

そのときに、今度『42ND STREET』というミュージカルを日本にそっくりもっていって8月に公演をおこなうと話した。するとゾリンスキー議員はその話がでると思ってロジャー・スティーブンス氏を呼んであるといって、引き合わせてくれた。『42ND STREET』はデイビッド・メリック氏がプロデュースしたミュージカルだが、スティーブンス氏も多くのミュージカルショーをプロデュースしている。自分の作品も、ぜひ日本で公演してもらいたいと要望していた。

そのときに、ゾリンスキー議員と話が日米貿易摩擦のことに及び、とくにアメリカへの日本車の進出が自主規制が必要なほど多いということになったとき、ゾリンスキー議員は興味深い発言をした。

「日本は日本でアメリカの自動車をつくってアメリカにもってくるからアメリカで売れる。アメリカはアメリカでアメリカの自動車をつくっているから日本に売れない」

そういったのだ。

日本が日本でアメリカの自動車をつくっている、ということは、日本人がアメリカ人を研究し、どんな車をつくればアメリカで売れるかを計算してつくっているということである。だから、アメリカで売れる。

一方のアメリカは日本人向けの車をつくっていない。

日本はアメリカに関心を抱き、アメリカを研究し、アメリカを理解している。ところがアメリカはあまりにも日本に無関心なのか、日本を研究しようとしない。そこに、日米両国の製品に差が生じるのだ。

だから、ゾリンスキー議員の言葉は当を得たものである。

風邪ひきの病人はアスピリンだけでは治らない

ニューヨークに「ジャパン・ソサエティ」という組織がある。ロックフェラー氏が理事長で、日本をもっと理解しようというアメリカ人がメンバーになっている。

先日、そこで講演をした。

そのときに私は、貿易摩擦の本当の原因は日米文化摩擦である、経済摩擦の形をとっているが、一方的な文化摩擦であるという話をした。

つまり、日本はアメリカについて詳しく研究をしているし、英語にしても、ほとんどの日本人はしゃべることはできないが書いて見せればＡＢＣぐらいはわかる。ところがアメリカ人に「いろはにほへと」と書いて見せてもさっぱりわからない。日本の小学校では996文字の漢字を6年間で学習する。アメリカからやってくる最高の教育を受けた人でも漢字を書ける人はまずいない。日本では、小学校1年生の6歳の子供が76文字の漢字が書けるというのにである。

こういった日米の関係は、日韓の関係とよく似ている。韓国の若者は、最近、熱心に日本語を勉強している。第二外国語にも日本語を取り入れている。しかし、日本では韓国語を勉強しているのはごく一部の人であり、学習人口はまだまだ少ない状況が続いている。つまり、日本人は隣国韓国について、きわめて無関心なのである。

アメリカ人が日本について知らないのもこれとまったく同じことなのだ。

こういった状態で貿易がはじまればどういうことになるか。相手国のことを熟知しつくして商品をつくりだしてくるのと、欲しけりゃ売ってやるという商売をするのとでは、結果は明白である。

日本が本当に外国と接触するようになったのは、黒船事件以後のことだが、当時は開国したからといって、日本人が自由に船で外国にでかけていったわけではない。

そういった意味では、本当に国を開いたのは戦後であり、ジェット旅客機が国際線に就航するようになった昭和35、36（1960、61）年頃からである。それまでは「舶来《はくらい》」という言葉があらわすように、ほんの一部の人が、船で外国の文化文明を運んでくるだけだった。

つまり、昭和35年が真の意味での日本の開国元年なのだ。それから、まだ25年しかたっていない。だから、日本の情勢は、まだまだ外国に十分に理解されていない。日本を研究し、日本人を研究しろというと、すぐに、歌舞伎とか文楽、浄瑠璃《じょうるり》がでてくる。それが日本だと思っている。

ところが、そういったものは過去の日本であって、現代の日本ではない。

今、日本が外国にわかってもらいたいのは、そういった過去の日本ではなく、現代の日本のことなのだ。現代の日本人がどんな生活をしていて、なにを必要としているか、どんな意識をもっているか、なにを食べているか、なにを使っているか、それが大切なのだ。

ところが、そういったことが理解されていない。誤解されていることが多い。だから摩擦が起こるのである。文化の差が摩擦になる。

したがって、経済摩擦を解消するには文化摩擦をまず解決しなければならない。それに気がつかないと、いつまでも風邪をひいている病人にアスピリンを飲ませて風呂に入れることになる。風邪をひいている病人には休養をとらせることがいちばんなのだ。休養をとらせ、じゅうぶんに寝かせてからアスピリンを飲ませれば効果がある。**アスピリンは経済摩擦においては為替である。為替ばかりさわって、ほかのことを忘れていたのでは問題は解決できない……。**

そういったことを話した。今後の貿易摩擦の解消に、私の講演はかならず役立つはずだと信じている。

なぜ税金がこんなに高いのか

ワシントンでデビッド・ギンズバーグ氏という有名な弁護士に会ったときに、話題が日本の税制に及んだ。

私が日本の最高税率は個人で88パーセント、法人で63パーセントだというと、ギンズバーグ氏は、日本は戦争の準備をしているのかとたずねてきた。

第二次大戦中、アメリカの所得税は、個人の最高が90パーセントで法人の最高が60パーセントだったという。日本の数字はそれに近いから戦争を準備しているのではないか、そうでもなければそんな高い所得税を払う国民はいないとあきれ顔でいう。

日本でも行政改革が真剣に論じられているようだが、国会の議員定数がそもそも多すぎ

る。アメリカの上下両院議員の構成は、上院議員は全米50州から2人ずつで合計１００人、下院の定数は４３５名である。この下院の定数をアメリカの全人口で割れば、下院議員は人口５００万人当たりにひとりという計算になる。人口に移動があるため、10年に１回ずつ人口調査をして定数を是正している。５００万人にひとり、という原則は守っている。だから下院議員は人口の少ない州からは2、３人しかでていないが、多いところからは30人ぐらいでている。

日本のように、一票の重みが選挙区によって5分の1になったり4分の1になったりというデタラメはない。

日本の議員の定数をアメリカ式に計算すると衆議院は２２０人ぐらいになる。３００人以上の代議士は整理できる計算になる。

参議院の議員定数も、アメリカの上院定数１００人にくらべると、いかにも多すぎる。

しかも、日本では、最高裁で現在の選挙は違憲であるという判決がでているにもかかわらず、定数是正はいまだにおこなわれていない。

このあたりから、本当の意味での行政改革のメスを入れてもらいたいものである。

1万円しか使えない奴に1億円の金は動かせない

カネの儲け方というのは、カネの使い方のことと同じである。1億円のカネを動かす人と1000万円のカネを動かす人はちがうのである。それがわからずに、1000万円のカネしか動かす方法を知らない人が1億円の儲けを狙うから失敗するのである。

1000万円のカネを動かせる人は1000万円のカネを上手に動かせばいい。1億円を動かせる人は1億円を上手に動かせばいいのだ。両方に共通の儲かるルールなどというものは存在しない。

へらすことは知っているがふやすことを知らないのが一般の市民である。そのふやし方も、1000万円を1100万円にふやすのと1億円を1億1000万円にふやすのでは、同じ10パーセントでもふやし方がちがうのだ。

金儲けにはコツコツ型とバクチ型があるが、コツコツ型でいくべきであって、一部のラッキーに恵まれてひと山当てた人の真似はすべきでない。確率が少ないから危険だ。そんな人は、たまたまラッキーな要素が組み合わさったのであって、自分が努力して幸運を当てたというのは少ない。

コツコツ型でいっていたら、自然に追い風になって運が向いてくるということはある。それでいくべきなのだ。

はじめからラッキーを狙って満塁ホームランを欲張ると、かならず失敗する。金儲けは、それほど楽勝はできない仕組みになっているのである。

稽古事でも、いきなり初段とか2段というのはない。6級あたりからはじめて、5級、4級とあがっていく。確かに段の取り方のはやい人はいる。5年で取る人と3年で取る人がいるが、ステップはちゃんと踏んでいる。

金儲けの世界も同じである。1万円のカネなら使える人に、いきなり1億円あげて使えといっても無理である。1000円からはじめて使い方を訓練していけば、やがて、1億円が使いこなせるようになるのである。

訓練を積んでないと、チャンスが到来しても使えない。要は訓練である。

第13章

これからは〝遊び〟から錬金術が生まれる

給料ダウンの時代が見えてきた

世界の商品市況が、最近、極端に下がってきた。

１９８６（昭和61）年５月、１ポンドの砂糖の生産原価は12セントである。にもかかわらず、１ポンド＝７セントでしか売れなくなった。つくればつくるだけ赤字がふえる。砂糖の値段は12年前のものにもどってしまった。

値段が下がったのは砂糖だけではない。

銀が１トロイ・オンス＝４ドル80セントになった。１トロイ・オンスというのは31・１グラムである。それが４ドル80セント、つまり、12年前の値段に下がってしまった。ゴムにしても綿糸にしても、12年前から14年前の値段に逆もどりした。綿糸などは昭和46（71）年頃の値段まで下がってしまった。

従来は、銀行に預金をすれば利息がついたが、現在の普通預金の利息は０・38パーセント。ほとんどゼロに近い。近い将来は、銀行に預金をすれば管理料を取られる時代がくるかもしれない。

そうなると、どうなるか。

農業、工業、鉱業、漁業、海運は破壊的な打撃を受けることが考えられる。打撃を受けないものはサービス業だけだといっても過言ではない。

国全体でいうと、サラリーマン、公務員の給料を下げなければならなくなる事態が到来する。

つくったものを安く売るのだから、前のままの給料を社員に払っていたら、会社はやっていけなくなる。もちろん、昇給はなくなる。

従来のインフレーション経済下では、給料が下がるということは考えられなかった。給料は永遠に上がっていくものだった。

住宅ローンを組んだサラリーマンにしても、将来は給料が上がるのを見越してローンを組んできた。公団住宅などは、将来は給料がかならず上がるという前提で、先にいくほど家賃が高くなる傾斜型家賃を取り入れている。

しかし、先にいくに従って、給料が下がるということになると、この傾斜型家賃は成り立たなくなってしまう。

そういった奇々怪々なデフレ時代が、今、はじまろうとしている。

これからのビジネスはサービス業だ

そんな時代になると、現状維持がむずかしくなってくる。

これまでの時代では、人間は金を貯えて、将来、贅沢をしようというようなことを考えて働いてきた。

ところが、デフレの時代になると、現在より生活水準がよくなることは考えられないから、現状維持ができるかどうかが問題になる。

銀行に預金をしても利子をもらえるどころか、逆に管理料を取られるということになると、預金をしてもつまらないから、今、遊んでしまおうとする。考え方が刹那的になってくる。今のうちに金を使って遊ぼうとする。

そうなるとサービス業がクローズアップされてくる。

サービス業だけがデフレ経済下では打撃を受けないといったのは、そういった意味からである。

だから、これからはサービス業の時代である。サービス業だけは盛んになるから、これからのビジネスを考えるならば、サービス業に進むべきである。

しかも、商品をつくりだすには機械化が進んで、わずかの人間で多くのものを生産することが可能になった。従来は30人で生産していたものが、15人で生産できたり、10人で生産していたものが3人で生産できるようになった。そのために、ものは生産過剰になるし、人間もあまってきた。余剰人員をどこへ投入するかという人間の産業配列が深刻な問題になってきた。

一方、会社の地方の支店のだし方にも変化が見られるようになってきた。

従来は、札幌とか仙台、名古屋、福岡などの支店は、町の中心街にだしていた。それが、空港のそばとか、新幹線の駅のそばなどの交通至便の場所に支店をだすようになってきた。工場もしかりである。

そうすれば、所用でやってくる人も、町の中心まで入る時間のムダがなくなる。スピードを必要とする時代に、東京から1時間で到着しても、そこから支店まで交通渋滞で1時間以上かかるというのでは、商売にならない。

人間は刹那的、享楽的になるが、一方働く人間はますます働くようになる。そこで能力のある人と能力のない人の差ははっきりとでてきて、収入にもその差がでてくる。

政府は革命的な政策の変更をやるはずはないから、民間でやるほかはない。**生き残るために、時代にマッチした革命的なビジネスを開発するほかはない。**

そのために、ベンチャービジネスをはじめ、新しい産業がつぎからつぎに出現する。大半は小規模で活発な、今、世の中に必要な産業である。これまでの大規模な商品を製造する産業ではなく、優秀なひと握りの人間が活躍するサービス業が続出してくることが考えられる。

日米貿易摩擦がもたらした円高で1ドル＝150円になっても、貿易摩擦は解消しない。そうすると、ここまで円高にしても、なぜ、アメリカの貿易赤字は解消しないのだろうということが、もう一度、問われてくる。そうなると、アメリカも反省するだろうし、日本も反省するはずである。

このままでは、アメリカの貿易赤字はへりそうもないし、問題は解決しない。

気候・天候無視型ビジネスでいけ

話は飛ぶが、商品についても考えてみたい。

食品に関していうならば、これまでの時代は天然食品の時代だった。

春になると朝掘りの竹の子を食べ、夏は水蜜桃《すいみつとう》を味わい、秋は松茸の香気《こうき》を楽しんだものである。食品の旬を尊重してきた。

ところが、いまや加工食品の時代になって、食品の旬がなくなってしまった。

竹の子は缶詰のモノが1年じゅうでまわり、果実や野菜は温室栽培で、冬でも夏や秋のものが口に入るようになった。魚だって養殖ものが旬以外のシーズンでも食べられるようになった。

瞬間冷凍技術が発達したことも、食べ物からシーズン性を奪ってしまった。

つまり、冬でも夏でも同じものを売るようになった。

夏だけのものだったアイスクリームやビールが1年じゅう売れるのも、食品からシーズン性がなくなった一つのあらわれである。

春は竹の子、夏の水蜜桃、秋の松茸だけを扱っていては、儲からない。そんな食品のシーズン性は無視して食品を売るのが加工食品の時代である。

シーズン性を無視して、夏も冬も同じものを売っているといえば、日本マクドナルドがそうである。旬を無視し、夏であろうと冬であろうと正月であろうと、朝昼晩、ハンバーガーだけを売っている。

現在はそういった加工食品の時代なのである。だから、気候・天候無視型の企業が伸びている。

食品だけではない。花にしても、ビニールハウスで暖房をしたりして、植物を騙《だま》し、1

年じゅう、同じ花を咲かせている。自然のサイクルを人間の都合で勝手に変えている。

鶏のブロイラーなどは、人工的につくりだして、卵からかえして60日から80日で焼鳥に加工してしまう。牛もバイオテクノロジーで人工的に細胞分裂をさせ、人工的に同じ牛をつくりだしている。

自然の摂理に、今や人間が挑戦する時代になった。

だいたい、春夏秋冬の四季がハッキリしているのは日本ぐらいで、ほかにはあまりこんな国はない。欧米などでは、冬のつぎは夏である。春や秋はあったとしてもきわめて短い。夏ばかりのところもあるし、冬ばかりのところもある。そういったところではシーズンに関係なく、1年じゅう、同じものが売れる。

日本に関しては、これからは夏型の商品だけでいい。夏型1本で勝負できる。冬は冬だけ、秋は秋だけ売れるというものはダメで、夏型1本の商品が儲かる。

そういった、1本型加工食品の時代になると、フォーマルなものは姿を消し、しだいにインフォーマルなものが好まれるようになる。

食品にしても、天然食品時代には、鯛《たい》の尾頭つきが喜ばれた。鯛の尾頭つきはフォーマルな食品である。

これからは、魚だったらなんでもいい。魚の形をしていなくてもいい。鮪《まぐろ》のフレークの缶詰でいい。鮭缶でいいという時代になる。いや、現にそんな時代になってきた。鯛の尾頭つきがフォーマルなら、こちらはインフォーマルな食品である。鯛の尾頭つきは、結婚式の引き出物専用になってしまった。

女性の訪問着や留袖などにしても、着るのはフォーマルな服装が要求される冠婚葬祭のときだけである。日常生活からは遠い存在になってしまった。

そのうちに、茶碗やお椀なども日常生活では使われなくなる時代になる。

そういえば、先日、アメリカのマクドナルドのコンベンションがラスベガスであったので、高島屋でつくらせた陣羽織《じんばおり》を着て出席した。水色の地にオレンジ色の派手な陣羽織で、私はこれを「サムライ・タキシード」と名づけて着用した。

これが非常に好評で、とくに出席した夫人連中から、ぜひわけてほしいという要請が殺到した。それではというので、希望する人はあとで私の部屋に電話をしてほしいといったら、100人ぐらいから申し込みの電話があった。

ところが、日本から用意していったものは30着しかない。そういうと、電話ではもらえそうもないというので、300人ほどが部屋に押しかけてきた。

なぜ、そんなに欲しがるのかと思ってたずねると、部屋着にするというのだ。そういわれてみると、袖がないので羽織るのに至極便利である。これほど人気があるなら、紙に印刷して紙の陣羽織をもってくれればよかったと思ったほどである。

陣羽織というのは、日本では４、５００年前のものだが、数百年前のものでも、戦争の修羅場をくぐって存在しつづけたものは、21世紀の今日でも通用するよさがあるものだなとつくづく思ったものである。

地方税のないネバダ方式を取り入れろ

そのラスベガスのコンベンションでは「メトロ・ゴールドウィン・メーヤー」と「ヒルトン・ホテル」に６０００名が分宿し、ついでに私は「ゴールデン・ナゲット」という、もっとも古く、もっとも立派なカジノを見学した。

見ていると、客が冷静にやっている間は、取ったり取られたりで、それほど損はしない。そのうちに、コンパニオンが無料のウイスキーやコニャックを運んでくる。それを飲んでいると酔いが適当にまわって、気が大きくなる。気が大きくならないにしても眠くなる。

そこで「一発勝負だ」ともっているチップを全部賭ける。そうすると、かならず取られてしまうのである。

１時間なら１時間、30分なら30分、と時間を決めてやっていれば損はしないが、いつまでもやっていて熱くなると間違いなくやられてしまう。

女性はスロットマシンで、1回5セントとか10セントで何時間もやっているが、そういう遊び方をすれば、100ドルを使い果たすには何時間もかかってしまう。

ブラック・ジャックでもルーレットでもバカラでも、プレーヤーとディーラーのやりとりはテレビカメラでうつし、すべてビデオにおさめている。トラブルが起こったときは、このビデオが証拠になる。

カジノは100パーセント公正に運営されている。それなのに、なぜ客が負けるかというと、客が勝手に興奮して、勝手に負けてしまうのだ。

ルーレットでも、まわっている台には絶対にさわらせないから、インチキはない。

ラスベガスのあるネバダ州には州税はない。ギャンブルのあがりで十分に州の台所は賄えるから、州税は取らないのだ。税金は国税だけである。そのために、企業の中には、ネバダ州に本社を置いて、実際にはロサンゼルスでビジネスをおこなっているところもある。

このネバダ方式は日本でも取り入れるべきである。

日本の公営ギャンブルは、競馬、競輪、競艇、オートバイで、どういうわけか暗いイメージがつきまとう。

ラスベガスは非常に明るいし、最大の特徴はホテル代が安いことである。一晩、一流ホテルで60ドル程度だから、よその3分の1である。ホテル代は安くして、その分、カジノでお金を落としてもらおうというのである。

上客には、往復の航空運賃も無料、ホテルの宿泊も無料、100万ドルや200万ドルまではお金を貸してあげて遊ばせる。そんなサービスもする。もちろん、銀行が保証すれば、その範囲で何百万ドルでも遊ばせる。

また、やらずぶったくりで、いつもカモにしていては上客はこないから、ときどきは勝たせて帰すというテクニックも使う。

日本にもカジノをつくるべきだ

私は、日本にも、ラスベガスのようなカジノをつくるべきだと思っている。日本にカジノをつくれば、間違いなく内需振興になる。

ギャンブルというと、日本人はすぐに全財産をつぎ込んで破産してしまうということを考える。だから、日本ではカジノを許可しないというのは、きわめて時代錯誤的な過保護思想であると思う。博打というと日本人は軽蔑するが、人間というのは心のどこかに偶然に乗じて儲けたいという気持ちがある。それで全財産をすったとしても、その人間に自制心がないのだからしょうがないではないか。

世界第3位の経済大国の内情は、国民を危ないものには近づけない過保護政策をとっているというのでは、世界のもの笑いになってしまう。

日本人も、海外にでたら、各地のカジノでギャンブルを楽しんでいるのだ。海外で落とすそういったカネを国内で落とさせれば、立派な内需振興になる。

教育上、好ましくないというのなら、離島にこうした施設をつくればいい。僻地開発法とか離島振興法など、いろいろあるが、カジノをつくればそういった悩みはたちどころに解消される。

日本には、遊びは罪悪であるという風潮がある。だから、日本人は働きすぎだといわれるほど働く。そのために週休2日制を徹底させ、勤倹貯蓄の風潮を改め、外国人に嫌われないようにしようという考えがでてきた。

私は、この考えにはあまり賛成ではない。

よく学び、よく遊べではないが、よく働き、よく遊べを心がけるべきだと思う。

日本人は、よく働くが、よく遊ぶという面が欠落していた。それをよく働く風潮は残しながら、よく遊ぶという方向へ頭を切りかえさせるべきである。よく働くというのはけっして間違ってはいない。よく遊ばないのがいけないのである。

人気が下降ぎみの社会党も、日本にカジノをつくるという公約を掲げたら、国民の人気を集めるのは間違いない。

社会党にその気がないのなら、民社党でもいい。日本に公営カジノをつくって、地方税は撤廃するとブチあげれば保守票をかなり取れるはずである。

市や町をどうやって発展させるかという問題がもち上がると、これまで決まって富国強兵につながる大工場の誘致とか工業団地をつくることが考えられてきた。

しかし、その発想は切り捨てて、大工場のかわりにサービス業を、それもカジノをつくろうという発想でいくべきである。

ギャンブルは悪いという発想は世界のもの笑いだ

ギャンブルが悪いことであったのは過去の話である。

今日では、ほとんどの先進国がカジノを認めている。西ドイツにしても、イギリスにしても、フランスにしてもカジノをもっている。韓国やマカオにもある。ないのは、日本ぐらいのものである。

徳川時代が終わり、明治維新になり、政府が全国に鉄道を敷設するというときに、全国の宿場の多くが、そんな陸蒸気《おかじょうき》がきたら商売があがったりになるからよそを通してくれと鉄道を拒んだ。その結果、鉄道の通らなかった宿場町は今はさびれて見るかげもないありさまである。

サービス業は、まさに、かつての鉄道と同じものである。21世紀がきたときに、どれぐらい多くのサービス業をもっているかが、どれほどその地域を発展させるかのキイになると私はにらんでいる。

サービス業のことを考えていないと、その町は確実にさびれていく。各都道府県市町村は、それを考えたら、即刻、サービス業の誘致に乗りだすべきである。

現在の公営ギャンブルは、競馬にしろ競輪にしろ、客が直接レースに参加できないギャンブルである。そういったギャンブルよりも、自分が参加できるギャンブルのほうが数倍楽しいに決まっている。ブラック・ジャックにしても、バカラにしても、大小（注・サイコロ賭博）にしても、自分がやるからおもしろいのである。

ギャンブルには、春夏秋冬は関係ない。ルーレットが春で、ブラック・ジャックが夏でなければならないこともない。いつだって客は集まる。多少、辺鄙《へんぴ》なところだっていい。楽しいから人とカネが集まってくる。

カジノをつくり、そこで公営ギャンブルができるということになると、その波及効果は多方面にわたることが考えられる。

鉄道や空港などの交通網も開けるし、タクシーも台数がふえる。宿泊施設も立派なものができる。飲食関係の店も、世界の味が集まってくる。

ヤクザ組織の介入を心配する頭の固いムキもあるかもしれないが、公営カジノであるから、彼らが入り込む隙なんかあるはずはない。あのラスベガスのカジノでさえ、ピストルの携帯がゆるやかなアメリカで、一発の発砲事件も起きていないのである。

そろそろ日本人を過保護から解き放って、おとな扱いにして、公営カジノの設置を政府に本気で考えてもらいたいものである。

第14章

宇宙時代を先取りする頭脳作戦

優勝劣敗、弱肉強食の時代がくる

円高で１９８５（昭和60）年が１ドル＝２４０円だったのが、86（昭和61）年は１ドル＝１６０円台になっている。ということは、金額にして１ドルにつき80円分、３割は所得がふえていなければならない。月給30万円のサラリーマンは、39万円に上がっていなければならない。しかし、実際には、昨年30万円だった月給は今年も30万円である。月給は３割も上がっていない。ところが、月給は上がらないが、購買力はでてきている。原油の値下がりから石油も下がってきた。ひところ、リッター当たり１７０円していたガソリンが１２０円台になってきた。金も銀も価格が下がってきた。

つまり、実質所得がふえてきたのである。これで、政府が公約どおり減税をおこなえば、収入もふえる。円高の効果が物価にあらわれるには1年ぐらい時間がかかる。だから、月給が上がらなくても、物価が下がり、実質所得が上がってきたなと感じるのは、これからである。

そこで、これからお金に値打ちがでてくるのだ。実質所得が上がって、減税で税金が下がればお月給があがらなくてもそれだけ生活はしやすくなる。だから、87（昭和62）年は、ベースアップはゼロになるはずである。

毎年、労働組合が賃上げを要求してきた根拠は物価指数の上昇である。物価が上がって生活が苦しくなったから賃上げを要求するというのがいつものパターンであった。

ところが、物価指数は、戦後はじめて経験するデフレーションで下落してきた。つまり、賃上げ要求の根拠がなくなってきたのである。逆に経営者側が、物価指数が10パーセント下がったから、月給も10パーセント下げるといいだしかねない状態なのだ。ヘタをすると、来年は月給が下がりかねない。

円高、低金利ということは、これからお金の価値がでてくるということだ。だから物よりもお金をもっていたほうが強いということになる。お金の値打ちがでてくるということは、ますます資本主義が高度化してカネがものをいう時代がくることである。優勝劣敗、弱肉強食が明確になってくる。

そうなると、中流意識などは吹き飛んで、上流と下流だけになってくる。

ただ、日本はおもしろい国で、政府が革命的な政策を取り得ないのである。だから、1ドル＝130円で生き残れなくなった大企業は、政府が保護することが十分に考えられる。しかし、政府の保護を期待しているようでは、その企業は、最後には生き残れないだろう。

モノより
カネの
値打ちが高い
デフレ…
ますます
カネが
ものを言う
時代だ
どう
なる
んですか？
弱肉強食が
ハッキリする…
さてキミは
何をする？
まずは肉食《にくく》って
強くなります！

レストランに椅子とテーブルを並べるのは、もう古い

円高・デフレの影響を正面から受けたのが沖縄である。

沖縄は、日本経済を2年ほど先行している。つまり、2年後の日本経済を今の沖縄に見ることができるのである。

沖縄は、なんといっても米軍依存の町である。その米軍が、かりに、1億ドルを使っていたとすると円換算で240億円である。現在でも1億ドルを使っていたとすると、円高で円換算で160億円にしかならない。沖縄はドル経済の地域だから、円高の影響が極端にでてきた。内地は沖縄のようにドル経済ではないが、それでも、来年になったら沖縄のように、円高のきびしい影響があらわれるのは必至である。読者諸君の会社が、売り上げ3割減という事態になったら果たしてどうなるか、考えてみていただきたい。

それに近いことが、1987（昭和62）年は起こるのだ。

この円高・デフレの時代には、なにをやれば効果があがるか、必死に生き残り作戦を練らなければならない。マクドナルドは今、生き残るための新しい店を開発中だ。

今アメリカのマクドナルドで人気を博しているのが、ロサンゼルスのイングルウッドの

町にある店である。

この店の店内は、客席がスペースシャトルの内部のようになっていて、前を向いて腰をおろすと、最前方に1・5メートル四方の画面がある。客席がいっぱいになると部屋が暗くなり、ただ今からシャトルを発射しますというアナウンスがあり、シャトルの発射と同時に椅子がうしろに下がり、画面に8分間、宇宙がうつしだされるのである。つまり、客はハンバーガーを食べながら、宇宙旅行が体験できるのである。

はじめこの店では、そんな店にすると8分間、客が固定されるので、その分、売り上げが減少するのではないかと心配したようだが、実際にやってみると35パーセントの売り上げ増を記録した。

しかも、すぐに客が飽きてしまうのではないかという心配を吹き飛ばし、半年たった今でも、客がへる気配はない。

この店で使っている機械は、すべて日本製である。日本のハードウエアを使って、ソフトウエアを開発したのだ。私はこの店を見て、考えさせられた。

従来、われわれは、お客には椅子とテーブルを提供すればいいと考えていた。

ところが、椅子とテーブルだけではなく、店全体を劇場化して、ショーを見せるのではなく、時代の最先端の宇宙を見せる。それが当たったのだ。お客の欲望を満足させる新しい方法である。

漫然と客をすわらせてハンバーガーを食べさせるのではなく、お客にある種の情報を提供するシアターをつくるというのはおもしろい発想だと思う。

アメリカでも、試験的に1店だけつくったのだが、それが今、センセーションを巻き起こしている。アメリカのテレビのニュースでも取り上げられたほどだ。

日本マクドナルドでも、目下、池袋に同様の店を計画中である。

これが成功すれば、全店をレストラン・シアター化することも考えている。その場合、シャトルだけでなく、ある店はプラネタリウム、ある店はショーというふうに、その店その店の特色をだすことになるだろう。

第15章

相場のうねりをつかんだ男の腹の決め方

仕事がいやならつぎの手を考えろ

仕事というのは生活の目的ではなく手段である。人間が生きていくための手段である。手段にはいろいろあるから、やってみてイヤだったり、自分に合わなければつぎの方法でやればいい。

今後は、企業の中途採用とか、転職とかが多くなってくる。だから、ある会社に入って10年やってみたが、どうも進むべき道を間違っていると思えばいさぎよく転身すればいい。

山に登る場合でも、道はいくつもある。近道もあればまわり道もある。どの道を選ぶかはその人の自由である。

愚痴や不満をいう人は、同じ手段ばかりを使っているからである。

人間には、手の長い人もいれば、短い人もいる。背の高い人もいれば、低い人もいる。

仕事にも、その人に向いているものと、そうでないものがある。〝適材適所〟という言葉があるが、その人にぴったりの仕事を見つける必要がある。

大学をでたばかりの年齢で、どの仕事に自分の一生を託したらよいかが判断できる人はあまりいないはずである。そういった判断ができるのは、家庭をもち、子供ができて、世の中の仕組みがわかってからである。そのときに、現在の仕事が自分に合っていないと思ったら、転職すべきである。

仕事が自分に合っているかどうかを見分けるのは簡単だ。朝、目がさめたときに、会社へいくのはイヤだなと思ったり、会社へ足が向かなかったり、出社する足どりが重いという人は、その仕事が自分に合っていないことになる。こんなときは転職をしたほうがいい。

朝、目がさめたときに、よし、今日はやってやろうと思うような仕事が自分に合っている仕事なのである。そういう仕事をもつべきである。

休暇をよく取る人は、仕事が嫌いだから休暇を取っていることが多い。私なんか、仕事が休暇みたいなものだから、改めて休暇を取ることはない。

ともすれば、仕事を目的と錯覚しがちだが、仕事はあくまでも生きていくための手段なのである。人生の目的は別のところにあるということを忘れないでいただきたい。

その人生の究極の目的はなにかというと、それはだれにもわからないのではあるまいか。われわれ凡人には、人間は世の中のために生きているという程度のことしかわからないのである。

日本は資本主義社会に属している。社会主義社会に属しているのであれば、社会全体の目的に合ったように生きなければならないという制約がある。ところが、属しているのが資本主義社会、つまり、カネがものをいう世界である。だから、仕事は金儲けの手段だという人がいてもおかしくない。

そこでなんとかして金儲けがしたいといって、転職ではなく、脱サラをはかる人もいる。サラリーマンでいれば、そこそこの生活はできるが、脱サラをすればそうはいかない。ところが、その金儲けだが、金儲けも才能の一つであって、才能のない者がいくら金儲けをしようとしても、それは無理というものである。

だから、生活の手段としての仕事の転職をはかるのは結構だが、安易に金儲けのために脱サラをはかることは、すすめられない。

物余り時代はサービス業が伸びる

米ソが軍縮を話し合う平和な時代には、大量の物資を消費する戦争は考えられなくなってきた。そうなると、物が余ってくる。

物がたりない時代には、物を右から左へ動かすのがビジネスだったが、物があまり、動かなくなると、物を動かして金儲けをすることは不可能になってきた。これからの時代は、物を動かさないでカネを儲けることを考えなければならない。

そこで脚光を浴びてくるのが、サービス業である。従来にない、いろんなサービス業があらわれてくるものと思われるし、考えてもみなかったおもしろいサービス業が出現してくるはずである。

マクドナルドでは、全世界の店で、公衆電話を置かないことを貫いてきた。電話を置くと、待ち合わせの場所になって客の回転率が落ちるとか、不良のたまり場になるというので、電話は置かなかった。

私が子供の頃は、電話のある家は10軒に1軒ぐらいだったが、今日では、電話のない家をさがすのがむずかしいぐらいである。それほど、現代人は電話を必要とするようになっている。

そうなると、ファースト・フードを売り、現代人の生活のスピードを高めるような商売をやっているマクドナルドが現代人の必要とする電話を置いていないのは間違っているのではないかという反省も生まれてきた。かつては、電話を置かないのが正しかったが、そのノウハウはもはや、時代遅れになったのだ。もう一度、サービスの原点に返って、電話についても考え直すべきではないか……。

そう考えて、電話を置く店をつくろうと思っている。

その電話も、一店舗にひとつやふたつではなく、各テーブルごとに備えつけようと考えている。

客が必要なものを提供するのがサービスだから、各テーブルに電話を置けば、これ以上のサービスはない。

しかし、黄色電話、ピンク電話、赤電話は、電話機に投入された小銭の回収や管理に人件費がかかるから、置くとすればカード専用電話機である。カードをもっていない客には、1回限り使えるカードをつくってサービスしてもいい。

レストランは、ふたり、3人と誘い合ってやってきて、おしゃべりを楽しみながら食事をするものだという考えがこれまでの常識だった。ところが、最近、マクドナルドに食事をしにくるお客さんの75パーセントは、ひとりでやってくる。

まさか、独りごとをいいながら食事をするわけにはいかないから、黙々と食べる。

こんなときに、電話があれば、電話でだれかとしゃべりながら食事ができる。

将来、テレビ電話が普及すれば、ひとり掛けの椅子の前にテレビ電話を置けば、食事の時間に郷里の母親を呼び出して、近況をたずねながら食事をすませられるようになる。

食事をしながら、クラス会の打ち合わせをしたり、銀行の用事をすませたりもできる。

マクドナルドで、ただ、ハンバーガーを食べるのではなく、ひとりで食べながら、おしゃべりや情報交換ができるようにするのである。

われわれは、30年間、マクドナルドには電話を置かないことにして通してきたが、ダメだといっていた電話が、今度は必要になってきたのだ。

お客が生きていくうえで必要な情報を提供するのがサービス業だという考えに立てば、お客が口に入れるものを売る以外に、どんなサービスをすべきであるかが思いつくはずである。

情報化社会の中のファースト・フードのあり方を、サービスの原点から、もう一度、考え直してみる必要を感じている。

日本はアメリカより20年遅れている

私はビジネスで、毎月のように渡米しているが、アメリカ人を見るたびに、彼らの年齢に20をたすと、日本人と対等だなと思うことが多い。

たとえば、アメリカの映画監督フランシス・コッポラは32歳で『ゴッド・ファーザー』をつくった。32歳であんな大作をつくったと思うと驚異だが、20をたしてみると52歳になるし、52歳でつくったのだと思うと、なるほどと納得する。

ほかにも、18歳で天才的な発想をするビジネスマンにも会ったことがある。18歳で、なぜこんな発想ができるのかと驚くが、20をたせば38歳になるから納得がいく。

つまり、日本人は言葉のハンディキャップがあって、一人前になるのに、アメリカ人より20年ほど時間が多くかかりすぎているといえる。

アメリカでは、小学校の2年生になると、新聞を読む。日本では、中学校の2年生になっても、なかなか、新聞を読もうとしない。

英語のほうが、それほど簡単なのだ。

小学校の2年生で新聞を読むから、頭の発達がその分だけはやい。だから、アメリカ人は24、25歳でも、日本人から見たら44、45歳の発想をするのである。

もちろん、アメリカ人にも個人差があって、みんながみんな、日本人より20歳も上の発想をするわけではない。しかし、平均して20歳ほど日本人が遅れているのは確かである。

だからというわけではないが、**アメリカ人の発想は、われわれ日本人とはずいぶんちがっている。**

先日『ジャパン・タイムス』が、**私の特集をするといって、取材をし写真を撮ったが、できあがった写真の私は、無気力な顔でうつっていた。**

私は、こんな写真はイヤだといった。

ところがアメリカ人の記者は、この顔がいかにもエグゼクティブらしくていいという。われわれは、エグゼクティブというと、張りきって仕事をしている男を連想するが、アメリカ人はそうではないのだ。そのあたりの感覚が日本人とはちがうのである。

アメリカの経済誌の『フォーチュン』も私の特集をするといって、私のところに外国人記者がインタビューにきた。

そのときに、インタビューにきた記者は、私に会う前に約3か月かけて全国を歩いて、私のことを知っている人に私に関することをきき、情報を集めたという。

それも、幼稚園時代のことを知っている人をさがしだして、話を聞いてきている。

私は、そんな昔の人間に会って私のことをきいても無意味だといった。幼稚園時代はいわば卵の時代である。その後、私は多くの人たちと付き合い、その影響を受けながら、今日に至っている。だから、子供の時代の話ばかりきいても役に立たないといったのだが、小学校2年生が新聞を読む国の人間の発想は日本人とはちがっている。

日本人にアメリカ人がよくわからないように、アメリカ人にとっても日本人は難解な民族らしい。

日本人には、無宗教の人が少なくないが、アメリカ人にはこれがわからない。アメリカ人は私はカソリックだとか、私はユダヤ教だというように、宗教と表裏一体の生活をしている。だから、無宗教だというと、パンツをはいていないように感じるものらしい。

そういった、発想法のまったくちがうアメリカ人を相手にビジネスをしなければならないのだから、日本人も大変である。

日本人はアメリカ人よりも20歳、余分な道草を食っているが、それに輪をかけているのが大学教育である。今の大学では、一部の者にしか役に立たない、法律とか経済を教えているが、これからは、もっと実務的なことを教える大学がでてくる必要がある。

たとえば、ファースト・フード学科のハンバーガーのつくり方専攻コースといったふうに、細分化して、実社会で役立つ教育をおこなう必要がある。

学問は人生に役立って、はじめて学問といえるのであって、学問のための学問では仕方がない。法学部卒とか経済学部卒だけでは、なんの戦力にもなり得ないのである。

現在の大学教育は、青春の浪費だといってもいい。

第16章

クレイジーな夢から〝巨万の富〟を生み出す法

夢を追いかけて金が儲かる人生は最高だ

読者諸君、夢をもってほしい。

たとえ、それが夢だけに終わったとしても、夢を抱き、それを追いかける人生こそが楽しい人生である。

私は、日本マクドナルドをはじめたとき、年間売り上げ1000億円という夢を描いた。

そしてその夢は、1984（昭和59）年ついに達成されたのである。

夢を描き、それを達成したときの充実感と喜びは、夢を描いた者でなければわからない。

その夢が大きければ大きいほど、充実感と喜びも大きい。

今、私は途方もなく大きい、つぎの夢を描いている。

アメリカのカリフォルニア州サンフランシスコの南海岸にモンタレーという町がある。

そのモンタレーにドクター・Xという人が住んでいる。

このドクター・Xが水を分解することに成功したというのだ。

水の分子は$H^{2}O$で、水素２と酸素１で成り立っている。その水を水素と酸素に分解すると、強力なエネルギーが発生する。その分解方法はドクター・Xがはじめて発明したのではない。今日まで、電気分解とか化学分解ですでに、１５０通りの分解方法が発明されている。

しかし、いずれの方法も非常にコストが高くつく。水を分解して水素と酸素にして、それを売っても元が取れないほど、高い。

ドクター・Xは、その水を、ある触媒を使って、安く分解する方法を発明したのである。

しかも、その方法で分解した水素や、燃やして発生する蒸気を使って電力を起こすと、従来のコストの10分の１で電力を得ることができるというのである。

その話をきき込んで、私はドクター・Xに会いにでかけた。今から3年ほど前のことである。ドクター・Xはまったくの研究者肌の男だった。ハッタリをかます山師的なところはまったくなく、夫人も彼を心から尊敬しているという。

ドクター・Xの話によると、歌手のポール・アンカが何百万ドルもする家に住んでいて、その家を売りにだしたのを買おうと思って水の分解に取り組んだのだという。発明狂で、パテントはほかにいくつももっているが、これまでの発明では、ポール・アンカの家は買えない。

「藤田さん、４００億円で、日本全国で水を分解して電力を起こす新しい発電の権利を売るから買わないか」という。

従来の方法はカネも時間もかかったが、彼の方法は安いコストで、しかも瞬時に水を分解することができるというのだ。

「私が、先にこの方法を発明していたら、危険な原子力発電はなかった。しかし、アインシュタイン博士のウラン２３５の連鎖反応の分解に先を越されてしまった。それによって人類はこれまでにない強力なエネルギーを獲得した。しかし、ウランの原子力にははかりしれない害がある。放射能がでる。しかし、水の分解は安全無害である。しかも、資源としての水は世界に無尽蔵にある。石油もいらない」

そういう。

しかも、特許は取らないというのだ。特許を取ると、自分だけしか知らないその方法を明らかにしなければならないからイヤだという。

その話をきいて、私は日本に帰り、A社の電力開発部長に話した。

その電力開発部長は、非常にすばらしいアイデアだが、よくわからないところがあるから部下に会わせてほしいという。それで、私はA社の最高のエンジニアふたりを連れて、再び、モンタレーにドクター・Xを訪れた。ところが、そのふたりのエンジニアもやはりわからないという。

クレイジーといわれる奴からとんでもない発想が生まれる

それから3年ほど交渉をつづけ、ようやく今度、試作第1号機の制作をドクター・Xに依頼することになった。マクドナルドの営業店舗用の小型発電機であれば、ドクター・Xは、1台100万ドルで制作ができるという。

それなら1台10万ドルでつくってもらって、実際に使用してみて、半年経過して電気代が従来の10分の1になったら、400億円をだすといったのだ。それが事実なら、400億円はおろか4000億円だしてもいい。

A社の電力開発部のエンジニアたちも、水素発電機で電力コストが10分の1になったら日本の電力事情はものすごいことになるという。

もし、従来の電力のコストが本当に10分の1になるのであれば、考えてみれば400億円は安いものである。しかも、日本全国の水素発電の権利が手に入るのだから、うまくいけば莫大なカネが私の懐に流れ込んでくるようになるのだ。

つまり、私は日本の電力を一手に握ることになるかもしれないのだ。

ドクター・Xは、すでに、水素エンジンの車もつくっている。ガソリンのかわりに水道の水を燃料タンクに入れて走る車である。マクドナルドの店舗用の水素発電機の大きさは、畳半分ほどの大きさであるという。私は今、ドクター・Xの試作第1号の完成を、息を殺して待っているところである。

万一、ドクター・Xの試作機が失敗に終わっても、水を水素と酸素に分解して、瞬間に、しかも廉価に水素エネルギーを得るという夢の研究は、次代に受け継がれ、完成させなければならない。

硫酸はH_2SO_4という多くの元素の結合体である。それだけに分解も困難である。ところが水はHとOの2つの元素しかない。このタダに近い、どこにでもある水を分解し、100パーセント安全なエネルギーを得るという人類の長年の夢は、だれかが実現しなければならない。

世の中は、「あんなクレイジーなことをいっている奴が」と軽んじられていた者が、恐ろしい発明をするものなのである。

資源ゼロの日本でタダ同然の水を生かさない手はない

ドクター・Xの発明について、私は某国立大学教授の話をきこうとして、電話をかけた。電話口にでた教授の秘書に「ドクター・Xの件で」というと「そのことなら先生はお話しできないとおっしゃっています」といって電話を切ってしまった。

そのことをドクター・Xにいうと、そんな男が大学教授をしているとは信じられない、その男はバカだと憤慨していた。

もっとも、天才的な事業のことは大学教授にはわかるはずがない。大学の教授というのは、古典的なことを教えて給料をもらっているのである。21世紀のことなどわかるはずはない。もし、わかるような人物なら、大学で教授なんかやっているわけはない。

ドクター・Xの研究は、国立大学教授のお墨つきをもらうには至らなかったが、国立大学の権威を恐れる必要はまったくない。事実でもって証明すればいいことなのだ。

水は人間の生活に密着した物質で、これがなければ人間は生きていけないものである。それが、はかりしれないエネルギーを含んでいるのだ。その水から、そのエネルギーを取りだすことに成功すれば、巨万の富どころではなく、巨兆の富を握ることになる。

ドクター・Xは、試作機が完成すれば世の中が変わり、日本も変わりますよといった。
ただし、藤田さん、あんたが本気で400億円だせばですよといった。

石油もない。資源は水しかない日本は、日本列島を質に入れても、ドクター・Xの発明を買うべきである。

多くの発明がそうであるように、まったく簡単な方法で、これまでだれもなし得なかった廉価で瞬間的な水の分解方法を発明することが可能になるのである。発明とはそんなものなのである。ここまで科学技術が進歩しているのだから、水の分解が簡単にできないはずはない。

私は今、その水の分解の試作第1号機に私の夢を託しているのである。

また、藤田の奴、バカみたいなことをいいだしやがってと、私がマクドナルドの第1号店の開店で、年間1000億円の売り上げをブチあげたときと同じ非難の集中攻撃を受けるのは覚悟のうえである。

私は、あくまでも夢を追いたいし、読者諸賢にも、夢を追いかけてほしい。

夢を追っているうちに、巨億の富を得るという夢が、実現するものなのである。

だからといって、私は、夢のような話にいつも飛びつく軽佻《けいちょう》浮薄《ふはく》な人間ではない。その逆の、きわめて用心深い男である。

私は、社員の報告を鵜呑《うの》みにはせず、自分で確認をとって120パーセント確実であるという自信がないと実行にうつさないところがある。

その私が、水を瞬時に、しかも低コストで分解し、水素を燃やして発電するという夢にかけたのである。成功すれば400億円を支払わなければならない。しかも、それで日本の電力王になれるのであればこんなおもしろいことはない。

個人の財産の管理がビジネスになる

デフレーションが表面化し、円高もとまりそうもないというので音をあげているところが多い。

しかし、私の持論でもあるが、環境は全員に対して同じなのである。ある人にはインフレに作用し、円高に作用するというものではない。自分ひとりの環境が悪いわけではない。環境は与えられた条件であり、条件は万人に同じなのである。

同じ条件の中で、生き残る者と、生き残れない者がでてくる。生き残れない者は、自分たちが生きてきたのが資本主義社会であるということを忘れている場合が多い。

資本主義社会はカネがものをいう社会であるということを忘れている。おカネを有効に使えばいい。資本主義社会には、共存共栄もない。勝つか負けるかしかないのだ。敵を倒すか自分が殺されるかのどちらかである。

デフレーションになって、物があまってきた。つまり、これからは物をつくって流通させる時代ではない。新しくはじめるとするならば、サービス専業の会社を考えるべきである。

私も、藤田商店という会社で、10年前にスイミングスクール第1号をつくったのを皮切りに現在も6つのスイミングスクールを経営している。このスイミングスクールもサービス業である。

コーチをかかえ、そのコーチをスイミングスクールに派遣し、運営し、採算をとる。つまり、マネージメントをやっているのである。

以前は、スイミングスクールというのは子供が対象で、1か所で2500人の会員があればペイしていた。ところが、最近では、6か所とも、会員が3000人を超えてきた。つまり30パーセントほど、おとなが入ってきたのである。従来は入ってこなかったお父さん、お母さんがくるようになった。

考えてみると、水泳は健康にもっともいいし、ゴルフなどにくらべるとカネがかからない。それでスイミングスクールに通ってくるおとながふえてきたのだ。

サービス業もますます対象は細分化されていく。

つまり、子供対象のスイミングスクールのほかに、おとなを対象としたスイミングスクールが必要になってくる。

大学受験の予備校にしてもサービス業だが、駿台予備校とか代々木ゼミナールなどのように、東大や早慶志望者のためのものが大半である。しかも、そういったところに入るには選抜試験がある。

ところが、世の中にはそういった一流校の志望者ばかりがいるわけではない。最初から、三流大学でも四流大学でも、大学であればどこでもいいという人もいる。むしろ、そういった浪人のほうが超一流大学の志望者よりも多いはずである。そういった人たちのための予備校も必要である。

これまで予備校というのは、いい学校にいくためのエリートの学校だと思われてきた。ところがこれからは、三流大学、四流大学志望者のための予備校をつくるという発想でサービス業を考えると、いろんなものがでてくるはずである。

たとえば、三菱信託銀行とか三井信託銀行などの信託銀行は他人の財産を管理しているが、扱う客の数はあまりにも多すぎる。それを客の数を限定してきめ細かくやる会社があってもいいと思う。個人対個人で、私があなたの財産をあなたが死ぬまで管理、運営してあげましょうというサービス業がでてきてもいい。

元本を保証し、3000万円、5000万円、あるいは1億円の財産があるとすれば、それを運用し、毎日いくらいるのか希望をたずね、その額を保証する。そうやって個人の資産を管理、運営するマネージメントの会社が必要になってくる。

客は一人からせいぜい10人まで。その10人の資産だけを扱い、ほかのマネージメントはやらない。そういった会社が必要な時代が、間もなく日本にもやってくる。

日本人はこれまで物を動かすことが商《あきない》だと思ってきたが、物が不要になった時代では、物をつくって売るというビジネスはますますむずかしくなってくる。

生き残るにはサービス業しかない。それも、為替は自由化されたし、国際的なサービス業を考える時代になっている。

"醤油"にかわるヒット商品に挑戦しろ

かつては手が届かなかった月まで人がいき、月からテレビ放送をする時代になった。

それなのに、はげ頭に毛を生やす決定的な方法は未だに発明されていない。人間の力で1本も生やせない。

月からテレビ放送をするよりも、はげ頭をなくすほうが人間にとってははるかにハッピ

ガッ
ガッ
キミたち夢を追いかける人生は楽しいぞ！
…おっと夢を見てるのか…
Zzz…
クレイジーで大きい夢ほど充実感と喜びも大きいのだよ‼

ーなことではなかろうか。はげ頭に黒髪が生える薬を発明すれば、巨億《きょおく》の富は約束される。はげ頭は金儲けのネタなのである。

ほかにもある。日本料理の調味料である。日本料理の調味料は醤油しかない。日本人は千数百年間、醤油だけを使って料理をつくってきた。

現在でこそ、マヨネーズやトマトケチャップなどの外国の調味料が使われるようになったが、千数百年の間、醤油以外の調味料を開発しなかったのは、日本人が怠慢である証拠である。

だからこそ、トマトケチャップとマスタードで味つけをしたハンバーガーがあれほど売れているのである。

日本は、外来文化を取り入れるのにこの１０００年間、大変忙しかった。金持ちになったのだから、ここらで独創的なアイデアをだしていくべきだ。

日本人は物真似がうまいといわれるが、もう一度、身辺を見まわせば、日本独特のものがかなりある。新しい21世紀に向かって、今の新人類の人たちが別の味、これが日本の味だというものをつくればいいのだ。

山椒《さんしょう》と椎茸で新しい日本風の調味料はつくれないのだろうか。ゴマを使った調味料は開発できないのだろうか。もし、だれかが新しい日本の調味料を発明すれば、その人も間違いなく巨億の富を握るはずである。

金儲けのネタは身近にいくらでも転がっているはずである。なかでも水を分解してエネルギーを得るという発想は、いちばん儲かるものである。外食王といわれている私は、今やひそかに、電力王を狙っているのである。

何度もいう。読者諸君、夢をもつべし！

藤田 田 伝――凡眼には見えず、心眼を開け、好機は常に眼前にあり④

外食ジャーナリスト　中村芳平

日本マクドナルドの成功の要因

藤田が創業した日本マクドナルドが大成功したのは、米国のマクドナルドの創業者であるチェコ系ユダヤ人、レイ・クロック（１９０２〜84年）との信頼関係が大きかった。クロックは「米と魚の食文化の国＝日本」ではハンバーガー・ビジネスが失敗する確率は高いと考えていた。それを成功させるのは傑出《けっしゅつ》した起業家が必要だと思っていた。だから日本の商社、スーパーマーケット、食品会社など３００件近くがエリアフランチャイジー（AFC）をやりたいと申し出てきたのを拒否した。組織優先の企業ではダメだと判断していたからだ。

そして、藤田と１対１で会ったときに、起業家としての突出した才能を見抜き、「あなたならできる」とマクドナルドのハンバーガー・ビジネスをやるように薦《すす》めた。藤田は少し考えた後に、「合弁会社日本マクドナルドの資本金は50対50、アメリカのアドバイスは受けるが命令は受けない。経営は日本人がやる」と答えた。レイ・クロックはこの条件を丸呑《まるの》みした。

そればかりではない。このケースでは米国マクドナルドが、ＡＦＣ加盟に際し日本マクドナルドから５％程度のロイヤリティを取るのが一般的だ。だが、藤田は「５％もロイヤリティを払っては利益が出ない」と猛反対、結局、ロイヤリティは２％で決着した。

1号店である「銀座店」のオープニングセレモニー。藤田 田（写真右）とレイ・クロック（写真中央）

具体的には合弁企業の日本マクドナルド（藤田商店と米国マクドナルドの50：50）が、売上高のそれぞれ１％相当を藤田商店と米国マクドナルドに支払うという取り決めである。

レイ・クロックが成功の条件としたのは「30年間で５００店舗」を達成することだった。藤田は「それでは７００店舗にしましょう」と提案し、ライセンス契約が結ばれた。

レイ・クロックと２代目社長に就くフレッド・ターナー（１９７４〜87年）は、店舗運営のトップに信頼する日系2世のジョン朝原を送り込んだ。米国マクドナルド本社の意思の体現者で、藤田の女房役であった。藤田を怒らせないようにジョン朝原のギャラは米国マクドナルドが負担した。日本マクドナルドが大成功したのは破格の好条件でライセンス契約を結べたことだ。またジョン朝原のような店舗運営のプロが加わったことが大きかった。しかしながら、マクドナルドを日本の食文化として定着、発展させたのは、藤田田という不世出の起業家であった。

藤田は藤田商店で三越などに卸していた高級アクセサリーや衣料ブランドなども輸入したまま売るのではなく、日本人の好みに合うようにアレンジして販売した。マクドナルドにしても、アメリカでは「マクダーナルズ《McDonald's》」と発音するが、日本人には発音しにくいと、「マクド・ナルド」に変えた。日本人が発音しやすいようにしたのだ。

一事が万事で、日本マクドナルドの1号店が1971（昭和46）年7月、三越銀座店の一角にオープンしたあとも、店舗に星条旗などアメリカを連想させるものは一切置かせなかった。

「日本人はアメリカの文化に憧れを持ってはいるが、太平洋戦争ではアメリカ軍との戦闘や空襲で多くの日本人が死んだ。日本人は戦争のつらい思い出を忘れていない。本質的

には反米だ。だからアメリカを連想させるものは一切置くべきではない」(藤田)

こうして藤田は日本マクドナルドがアメリカ発祥ではなく、日本発祥のハンバーガーだというようにして細心の注意を払って販売した。だからこそ子供たちは日本マクドナルドのハンバーガーが日本で生まれたハンバーガーだと思い込んだのである。

藤田は日本マクドナルドの1号店、銀座三越店を開店してからしばらく、東京・新橋の藤田商店に本社を置いていた。73(昭和48)年1月、後に外食の経営コンサルタントとなる王利彰が日本マクドナルドに入社した。王は47(昭和22)年生まれ。生家は東京・池袋で飲食業を営んでいた。立大法学部卒業、レストラン西武(現:西洋フード・コンパスグループ)を経て入社、それから19年5か月、日本マクドナルドに籍を置き、ジョン朝原の指導を受けた。王は本社で運営統括部長・海外運営部長・海外運営部長を兼任するなど要職を歴任した。王が日本マクドナルドに入社したときの貴重なエピソードを披露する。

「私が日本マクドナルドに入社したのは1号店の銀座

日本マクドナルド1号店となった銀座店

三越店が開店してから1年5か月後の73年1月のことでした。本社を藤田商店の隅っこに置いていました。入社して初めてオフィスに入ったとき、部屋には日の丸の大きな旗が立てかけられていて、特攻隊のゼロ戦と隊員の写真が壁いっぱいに貼ってあって、まるで右翼の本部の部屋のようでした。私はとんでもない会社に入ってしまったと後悔し始めました。そうしたら藤田さんは旧制松江高校時代の学友が特攻隊でたくさん亡くなっているので、彼らのことを忘れないために写真を飾っているのだと説明しました」（藤田）

王は藤田の日本人的な行ないに度肝を抜かれたという。

藤田と『ユダヤの商法』

日本人は、熱しやすく、冷めやすい人種であるといわれる。戦前、「鬼畜米英」と叫んでいた日本政府・国民は、敗戦で手のひらを返したように親米に傾いた。そして、91（平成3）年には、世界一の債権大国となって、米国をみくびる風潮が台頭していた。

これは日本が島国で、国民の視野が狭いことから起こる問題である。日本人が本当の意味で国際化していくのには、少なくとも外国語を2か国語しゃべれる人間をたくさん世に送り出すことが必要であろう。藤田は、英語とドイツ語の2か国語をマスターしたことで、国際的な視野から物事を発想することができた。ここに藤田の並みの日本人にはないスケールの大きさ、強さの秘訣があった。

「井戸水の温度は、夏は冷たく、冬は暖かく感じますが、温度そのものは一定に保たれています。これと同じで、人間の生き方とか信念というのは、時流に迎合してコロコロ変わるのではダメだと思います。時代がどう変わろうと、人間の生き方とか信念というのは変わってはダメなのです。起業家であれば常に事業を世の中のため推進するんだという、終始一貫した強固な価値観を持っていることが大切だと思います。私にとってはそれがユダヤ人の5000年の哲学であり、『ユダヤの商法』でした」（藤田）

藤田はこう続ける。

「所詮、人生というのはなるようにしかならないものだなと思います。それは無理をして、自分の意志で捻じ曲げようとしても、決してうまくいくものではありません。私は、肉親の死を始め、同時代人の多くの死にも立ち会ってきました。そういった体験から、確信をもっていえることは、人間には、裸で生まれて裸で死んでゆくという単純な事実しかないということでした。そうであるならば、今現在を精一杯生きてゆくこと、それが結果として金儲けにつながるのかもしれませんが、金儲けというのは、結局は目的ではなくチャンスを得るための手段ではないかと思います。確かに私も若いころは、100万円を貯めるのが最大の目的のような時期もありました。けれども貯まってみれば、それは次のステップのための手段でしかなくなったのです。要は、目標を持って、1日1日を粘り強く生きていくことに、金儲けの本質があるのではないでしょうか」（藤田）

さらに藤田はこう付け加えた。

「またこんにち、日本マクドナルドが2000億円を超える企業に成長し、私が〝アントレプレナーのアイドル〟と持ち上げられるのも、一貫してマクドナルドの創業者であるレイ・クロックのビジネスで成功するための3原則『be daring　be first　be different』を守ってきたからだと確信しています」（藤田）

ちなみにクロックの3原則とは、「勇気をもって、誰よりも早く、人とちがうことをやれ」という意味だ。アメリカの思想家・哲学者・作家のラルフ・ワルド・エマーソン（1803-82年）の格言だ。レイ・クロックはエマーソンのこの格言を教訓にして、マクドナルドを世界トップのファストフード企業に育てた。

藤田もレイ・クロックが愛した3原則『be daring　be first　be different』を守って、日本マクドナルドを成功させたのである。

藤田の発想の根底には、「人間は裸で生まれて裸で死んでいく」という東洋的無常観が存在した。そして藤田は「ものごとは生々流転、常に変化しある種の矛盾を克服していくことで進化する」と考えていた。

藤田は義理・人情に厚い東洋的無常観と、合理主義の権化であるユダヤ商法とを融合させた。この東西古今の価値観を「弁証法的手法」でさらに高いレベルで調和統一した。それこそが〝不世出の起業家〟藤田田のハンバーガー・ビジネスであったといえるのである。

その後の藤田田物語……

筆者は１９９１（平成３）年夏、藤田田に2時間近くインタビューし、日本マクドナルドの20年史に、「凡眼には見えず、心眼を開け、好機は常に眼前にあり　藤田田物語」を４００字40枚弱書いた。この原稿を気に入ったのか、藤田田がかなり原稿に手を入れ、自分の言いたいことを書き加えた。今回じっくり読み直して、藤田田がどういう意図で加筆したのか忖度《そんたく》し、新しく取材して自分なりに加筆修正し、原稿をアップグレードさせた。

筆者が日本マクドナルドの20年史に藤田田物語を書くきっかけは、85（昭和60）年10月発行の学研『活性』（Ａ5判、ＮＯ．１０３、廃刊）に、「銀座のユダヤ人　藤田田研究」の一編として「証言／芽吹く商才　人生はカネやでーッ！　これがなかったらなにもできゃあせんよ」を6ページで書いたことによる。

この時期、筆者は『週刊サンケイ』（当時）の常勤記者をやめてフリーになり、先輩や同僚ライターの紹介で、月刊誌や週刊誌の仕事を受注していた。ただ、まだ駆け出しだったので経営者に直接インタビューするほどの人脈がなく、いいように使われた。『活性』の仕事でも新橋にあった名簿図書館で藤田田の旧制松江高校時代の同級生10数人の住所、電話番号などを調べ、「松江高校時代の藤田田とはどんな男だったのか」を片っ端から電話してアポイントをとり、取材にうかがった。

藤田は旧制北野中学校から旧制松江高校に進んだが、この時は北野中学校で同期の大下勝正町田市長（当時）、旧制松江高校時代の日立金属（当時）の瀧谷健二副社長、西尾正二カトリック点字図書館長（現・ロゴス点字図書館、当時）など7～8人にインタビューし、証言集という形で原稿にまとめた。藤田はバンカラでなる松江高校で最右派の応援団長、戦後GHQが松江市に進駐して来たときは、得意の英語力を活用、GHQに出入りし通訳のアルバイトで高給を稼《かせ》ぐようになった。

藤田に直接取材するわけではなく、旧制高校の同級生に取材して藤田の人物像を書くという、この企画は藤田にとってみれば迷惑極まりないことだったかもしれない。ただ、藤田はこの『活性』の記事を懐《なつ》かしがって大切に保管していたという。

日本マクドナルドは91年7月に創業20周年を迎《むか》えた。当時は藤田田の全盛期で、藤田の肝煎《きもい》りで20年史の刊行が進んでいた。そんな折、当時の広報部長の久保さん（故人）という方から私に電話がかかってきた。

「日本マクドナルドの20年史を発刊するのですが、社史全体の構成が小さくまとまって面白くない。ついては中村さんに藤田にインタビューしてもらって、学研『活性』のような面白い記事を書いて欲しい」という依頼《いらい》だった。

筆者は当時、処女作『13人の起業家たち　新事業に挑んだ男たちの素顔』（日本能率協会マネジメントセンター刊）を執筆中だったが、マック20年史の仕事をふたつ返事で引き受けた。藤田は外食産業のスター経営者であった。それゆえインタビューしたときは緊張してコチコチになってしまい、聞きたいことも思うように聞けなかった記憶がある。藤田はそれを察知して、私の先回りをして私が質問したいと思っていることをしゃべり続けた。非常に優しく、気遣《づか》いの出来る人だった。

いろいろ話している中で藤田が私に本気で伝えようとしたことは、藤田商店の創業と不即不離の関係にあった「月々5万円の定期預金」のことだった。藤田が住友銀行（現三井住友銀行）新橋支店で初めて貯金したときの通帳を広げて、私に見せてくれたときのにこやかな表情は今も忘れない。

藤田は筆者に、「私は怪物でもアントレプレナーのアイドルでもなんでもない。私の正体は月平均10万円40年以上続けている、この貯金通帳にある」と伝えたかったのではないかと思った。そこが旧友だった「光クラブ」社長の山崎晃嗣のように高利貸しで儲けようとした発想とはまったく異なる、現実主義者のおカネに対する考え方だった。

筆者は藤田の月々5万円の定期預金を大きなテーマにして、「藤田田物語」を書いた。400字の原稿用紙40枚弱の原稿を送ると、約80万円の原稿料がすぐに振り込まれてきた。400字1枚で1枚2万円相当の原稿料である。当時、学研の『活性』などで400字1枚3000円程度であった。日本マクドナルド20年史の原稿料は桁違いの高さで、当時も今もあれほど高額な原稿料をもらったことは一度もない。

藤田が『日本マクドナルド』の20年史を刊行した翌年の92（平成4）年から、藤田商店と米国マクドナルド本社との2回目の30年間の契約交渉がスタートした。この辺の事情については、『日本マクドナルドに見るサラリーマン社会の崩壊　本日より「時間外・退職金」なし』（光文社、田中幾太郎著）が詳しい。

この契約交渉は2001（平成13）年から30年間のロイヤリティを決めるものだった。

藤田と米本社との契約交渉はもめにもめた。代理人の弁護士がやり合うわけだが、当初米本社は他国並みのロイヤリティ5％を主張した。それでは利益が出ないと藤田は1歩も引かなかった。交渉4年目頃に米本社はロイヤリティ3・5％を提示した。これは藤田商店への1％のロイヤリティを加えると4・5％になる。米本社は藤田商店への1％のロイヤリティを引き下げることを要求した。

こうして藤田商店と米本社との契約交渉はロイヤリティ3％を巡って争われた。この過程で藤田はレイ・クロックと約束した藤田商店への1％のロイヤリティを0・5％に下げざるを得なくなった。

98（平成10）年8月、藤田商店と米本社のライセンス契約更新が結ばれた。それによると日本マクドナルドから米本社へのロイヤリティの支払いは、01年1月～10（平成22）年12月の10年間が2・5％、11（平成23）年1月～2030年12月の20年間は3％となった。この間、藤田商店へのロイヤリティは30年間一律0・5％と決まった。藤田にとってはなはだ不満の残る結果だった。「藤田商店なくしては日本マクドナルドの成功はなかった」と激怒したという。藤田はこの契約更新で米本社との対等合併は終わり、経営の優位性が崩れ、米本社主導の経営になると判断した。「社員たちには申し訳ない」と詫びた。そこで藤田は日本マクドナルドの株式上場を決断、キャピタル・ゲインを獲得する方向に舵を切った。

藤田、及び藤田商店の株式公開による株式放出は、藤田家の日本マクドナルド支配の終焉であった。米本社は日本マクドナルドの株式の上場に徹底的に反対したが、50％の株を持つ藤田家はこれを押し切った。99（平成11）年6月には全社員5000人に対し1株7

５０円でストックオプションを実施した。店長で９００株まで購入できた。

　こうして藤田は01年７月、日本マクドナルドをＪＡＳＤＡＱに上場させた。藤田と息子の元、完の３人が放出した株数は１４２０万株、公募価格は４３００円。藤田家は６１０億円の公開益を手にしたことになる。初値は４７００円を付けた。これによって多くの一般社員は臨時ボーナスを手にすることができた。

　一方、藤田家の３人の持ち株比率は26％台にまで落ち込み、日本マクドナルドの経営権は米本社に移った。その後、藤田家が保有する株は売却され、藤田商店の権利だった日本マクドナルドの売上高の０・５％のロイヤリティに加えて、ポテトの輸入権も売却され、藤田商店と日本マクドナルドとの契約関係はすべてなくなった。

　藤田は02（平成14）年３月には副社長の八木康行を社長兼ＣＯＯ（最高執行責任者）に就け、藤田は会長兼ＣＥＯ（最高経営責任者）に就いた。この時期、旧制松江高校時代から東大時代、藤田商店時代と浴びるようにして飲んだ酒がたたり、肝臓の病気で長期入院することもあった。

　03（平成15）年３月には日本マクドナルドを引退した。藤田はこの頃「桜の花が散るように静かに散りたい」とマスコミに伝えた。そして自らの寿命を悟ったかのように、翌04（平成16）年４月21日、心不全のため東京都内の病院で死去した。〃不世出の怪物〃藤田田の遺産総額は約491億円、歴代6位だった。
なお04年、米国マクドナルド本社の意向で原田泳幸が日本マクドナルドホールディングス、日本マクドナルド副会長兼社長兼CEOに就いてから、藤田色の一掃が始まり、ホームページから創業者・藤田田の氏名が消された。「勝てば官軍」は藤田田の信条であったが、一方で藤田田は「人間は裸で生まれて裸で死んでいく」という東洋的無常感の持ち主である。草葉の陰で呵呵大笑《かかたいしょう》しているはずだ。
「人生というのはなるようにしかならない。自分の意思で捻じ曲げようとしても、決してうまくいかない」……。

（『日本マクドナルド20年のあゆみ』より加筆修正）

《完》

【藤田 田 復刊プロジェクトチーム】

撮影　岡崎隆生
　　　永井 浩
取材　中村芳平
　　　横関寿寛
動画制作　株式会社GEKIRIN
プロデューサー　塚原浩和
リーダー　笹本健児
営業統括　村瀬広一
WEB編集　竹林 徹
編集統括　山﨑 実

藤田 田（デンと発音して下さい） **Den Fujita**

1926（大正15）年、大阪生まれ。旧制北野中学、松江高校を経て、1951（昭和26）年、東京大学法学部卒業。在学中にGHQの通訳を務めたことがきっかけで「（株）藤田商店」を設立。学生起業家として輸入業を手がける。1971（昭和46）年、世界最大のハンバーガー・チェーンである米国マクドナルド社と50:50の出資比率で「日本マクドナルド（株）」を設立。同年7月、銀座三越1階に第1号店をオープン。日本中にハンバーガー旋風をまき起こす。わずか10年余りで日本の外食産業での売上1位を達成し、以後、トップランナーとして走り続ける。過去2回、マクドナルド・コーポレーションのアドバイザリー・ディレクターを務めるなど、マクドナルドの世界戦略にも参画。1986（昭和61）年、藍綬褒章受章。1989（平成元）年、大店法規制緩和を旗印に米国の玩具小売業トイザラス社との合弁会社「日本トイザらス（株）」を設立し、全国展開した。また、世界一のネクタイ・スカーフ製造販売会社である英国タイラック社と提携し、全国店舗展開した。（一社）日本ハンバーグ・ハンバーガー協会初代会長。

創立30年にあたる2001（平成13）年7月26日、日本マクドナルド（株）は店頭株市場に株式公開を果たした。2004（平成16）年4月21日逝去（満78歳）。著書に『ユダヤの商法——世界経済を動かす』、『勝てば官軍』（小社刊）ほか多数。

本年4月、藤田 田、6冊同時復刊。

今《いま》すぐ行動《こうどう》しビジネスの勝率《しょうりつ》を劇的《げきてき》に上《あ》げる
クレイジーな戦略論《せんりゃくろん》
[新装版《しんそうばん》] Den《でん》 Fujita《ふじた》の商法《しょうほう》④

二〇一九年四月二五日　初版第一刷発行

著者　藤田《ふじた》 田《でん》（デンと発音して下さい）
協力　株式会社藤田商店
発行者　塚原浩和
発行所　株式会社ベストセラーズ
〒一七一-〇〇二一 東京都豊島区西池袋五-二六-一九
陸王西池袋ビル四階
電話　〇三-五九二六-六二六二（編集）
〇三-五九二六-五三二二（営業）
印刷所　近代美術株式会社
製本所　ナショナル製本協同組合
DTP　株式会社三協美術

ISBN978-4-584-13911-0　C0095

日本を担う若者に贈る《成功のヒント》――なぜ、今、藤田 田を復刊するのか――

株式会社ベストセラーズは、このたび藤田 田の著作を新装版として6冊同時に復刊いたしました。その中で最も古い『ユダヤの商法 世界経済を動かす』は、１９７２（昭和47）年に刊行されました。当時、藤田は、日本マクドナルド社を立ち上げるや、あっという間に日本人の「食文化」を変えた経営者として注目を集めました。同書は総計82万７０００部の大ベストセラーとなりました。今、日本経済の舵取りをしている著名な経営者が、同書によってビジネスでの「成功の本質」を学んだともいわれております。また、今回復刊する6冊の累計は３０７刷、97万部と、多くの読者に評価された作品となっております。

では、藤田作品を「なぜ、今、このタイミング」で復刊するのか。その理由とは、多くの日本人にとって日々暮らす社会環境が劇的に変化し、非常に厳しい時代を迎えたからです。そして、この時代を稼いで勝ち抜くための「答え」が藤田 田の《商法》の中にいまだ色あせることなく豊かに「ある」からです。現在、中小、大企業を問わず「正社員としての終身雇用」が難しくなっております。特に就職氷河期世代の40代以下の若者にとっては、人生設計そのものを一から立て直さねばなりません。利益を生み出す「ビジネス」自体を自分の頭で考え、切り開き、その資金も自分で調達する必要に迫られているのです。ゆえに藤田が著書の中で繰り返し述べる「商売のアイデアを見つける力」、「それをすぐに実行する力」が、今、まさに求められているのです。この二つの「稼ぐ力」を若者に伝えるべく私たちは本企画をスタートさせました。20代、30代のみなさんにはまだ人生で成功するために準備する「時間」があります。金持ちへの「夢」、ビジネスで世界を変える「希望」があれば、藤田の言葉の中から必ず《成功のヒント》を見つけ出せると思います。みなさん、どうか1回目はサラッと通読し、2回目はじっくりと精読、3回目は自分の言葉に引き直して血肉化し、4回目以降は仕事で悩み迷った時に再び参照してください。この6冊で、若者の可能性が今まで以上に大きなものになると、私たちは確信しています。

今回の新装版の企画刊行に際して、「これからの日本を担うたくさんの若者に読んでほしい」と快諾をくださった、株式会社藤田商店代表取締役・藤田 元氏に衷心より感謝を申し上げます。

２０１９年４月12日

藤田 田 復刊プロジェクトチーム